BIBLIOTHÈQUE
DE L'ÉCOLE
DES HAUTES ÉTUDES

PUBLIÉE SOUS LES AUSPICES

DU MINISTÈRE DE L'INSTRUCTION PUBLIQUE

SCIENCES HISTORIQUES ET PHILOLOGIQUES

DEUX CENT QUATORZIÈME FASCICULE

NOTES CRITIQUES

SUR LE

TEXTE DE FESTUS

PAR

Louis HAVET

MEMBRE DE L'INSTITUT

DIRECTEUR D'ÉTUDES POUR LA PHILOLOGIE LATINE
A L'ÉCOLE PRATIQUE DES HAUTES ÉTUDES

PARIS
LIBRAIRIE ANCIENNE HONORÉ CHAMPION
ÉDOUARD CHAMPION
5, QUAI MALAQUAIS

1914

NOTES CRITIQUES

SUR LE

TEXTE DE FESTUS

NOTES CRITIQUES

SUR LE

TEXTE DE FESTUS

PAR

Louis HAVET

MEMBRE DE L'INSTITUT
DIRECTEUR D'ÉTUDES POUR LA PHILOLOGIE LATINE
A L'ÉCOLE PRATIQUE DES HAUTES ÉTUDES

PARIS

LIBRAIRIE ANCIENNE HONORÉ CHAMPION, ÉDITEUR

ÉDOUARD CHAMPION

5, QUAI MALAQUAIS, 5

1914

Téléphone : Gobelins 28-20

Cet ouvrage forme le 214ᵉ fascicule de la Bibliothèque de l'École des Hautes Études.

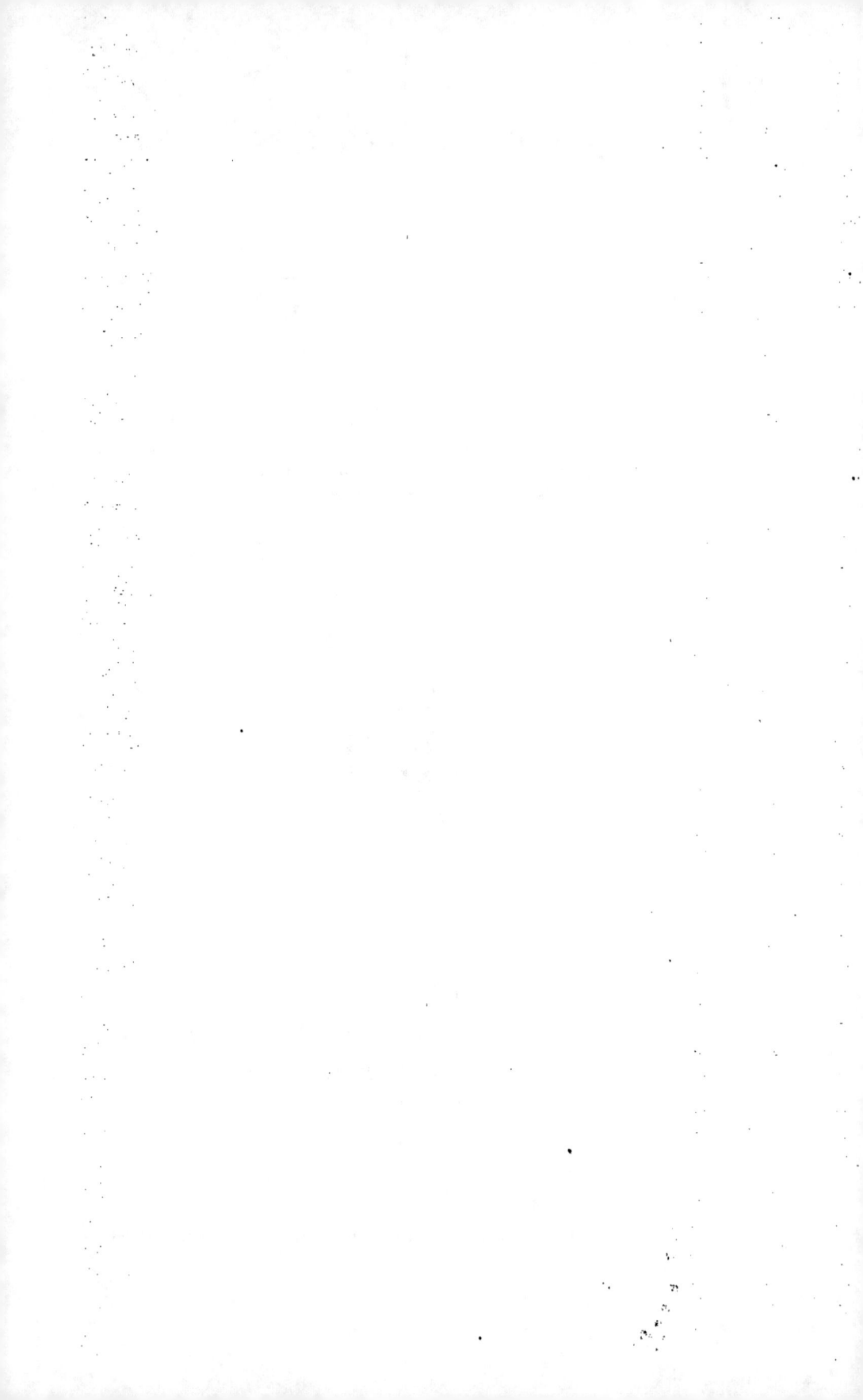

NOTES CRITIQUES
SUR LE TEXTE DE FESTUS

Louis HAVET

MEMBRE DE L'INSTITUT
DIRECTEUR D'ÉTUDES POUR LA PHILOLOGIE LATINE
A L'ÉCOLE PRATIQUE DES HAUTES ÉTUDES

La récente publication du texte de Festus par M. Lindsay, professeur à Saint Andrews en Écosse (*Sexti Pompei Festi de uerborum significatu quae supersunt cum Pauli epitome Thewrewkianis copiis usus edidit Wallace M. Lindsay*, Lipsiae in aedibus B. G. Teubneri MCMXIII) a été pour moi l'occasion d'un examen critique de beaucoup de passages. Je ne me suis guère occupé que de ceux qui subsistent aujourd'hui dans le ms. de Naples, ou manuscrit Farnèse, qu'on désigne par la lettre F. Ce ms. est écrit en minuscule caroline; il en existe un facsimilé complet (*Codex Festi Farnesianus* XLII *tabulis expressus. Consilio et impensis Academiae litterarum Hungaricae edidit Aemilius Thewrewk de Ponor*. Budapestini, MDCCCXCIII).

En tête de mes notes critiqués j'ai mis une petite étude sur l'expression *cum ait*. Ensuite j'ai réuni dans une *Première série* des conjectures qui, toutes, supposent une omission de ligne (ligne du modèle ou ligne d'un manuscrit ancêtre). Enfin vient une *Seconde série* de conjectures. L'ordre suivi dans chaque série est l'ordre même du texte.

Les chiffres indiquent les pages et lignes de l'édition Lindsay.

Cum ait dans FESTUS. — Un groupe de difficultés critiques m'avait amené à suspecter indûment plusieurs exemples de cette formule, et par suite à l'examiner en elle-même. Bien

1

que ma conclusion soit de la respecter dans tous les passages, sauf (p. 5) un seul, il ne m'a pas paru inutile de soumettre aux philologues les résultats de mon travail d'ensemble.

Cum ait sert une cinquantaine de fois à introduire une citation. *Cum ait* suit immédiatement le nom de l'écrivain et précède immédiatement ses paroles 138,17 Lindsay ; 160,7 ; 162,15 (? mutilé) ; 232,7 (apographa de F ; voir p. 3-4) ; 258,37 ; 320,33 ; 334,30 ; 388,16 ; 402,17 ; 478,13 (? mutilé) ; 516,10 (apogr.). *Cum ait* suit le nom de l'écrivain et un titre court, et continue de précéder immédiatement la citation, 158,9 (? mutilé); 218,4 (apogr.); 232,1 (apogr.); 292,10 ; 356,36 ; 416,34 ; 494,25 (apogr.); même disposition, mais avec une désignation de discours qui est toute une phrase, 218,30 (apogr.); 220,4 (apogr.) ; 362,36 (voir p. 5) ; analogue est 228,6 (apogr.); *cum ait* sépare en outre un titre court et la citation 208,4 (apogr. ; voir p. 3) ; 374,14 (? mutilé) ; 490,33. *Cum ait* est encore contigu à la citation 162,6; 196,35 ; 226,29 (apogr.) ; 228,3 (apogr.); 236,30 (apogr.); 312,3 ; 364,3 (*Ennius quoque* interposé) ; 432,26 ; 432, 31 (voir p. 4) ; 444,28 ; 444,30 ; 494,29 (apogr.); *cum* est séparé de *ait* par cinq mots 136,17 (apogr.).

Devant la citation on a *Ennius cum ait lib. II* 152,17 ; *Ennius cum ait lib. XIV* 218,22 (apogr.) ; *Cato cum ait in ea quam habuit ne quis consul bis fieret* 282,6 ; *Cato cum ait in libro de re militari* 300,4 ; *Ennius... cum ait lib. VII* 488,34 ; *Virgilii... cum ait harpyias* 218,20 (apogr. ; voir p. 5-6). Enfin il arrive que la citation soit une tête de lemme et précède le *cum ait* : « *Persicum portum* » *Plautus cum ait* 238,10 ; « *Prolato aere astitit* » *Ennius in Achille Aristarchi cum ait* 282,11 ; « *Retricibus* » *cum ait Cato in ea quam scribsit cum edissertauit Fului Nobilioris censuram* 356,18 ; « *Recepticium seruum* » *Cato in suasione legis Voconiae cum ait* 356,24 (la citation proprement dite. où l'ordre est *seruum recepticium*, vient plus loin). Tout à fait à part est 292,13, *id ipsum baculum significari cum ait Verrius*, où Festus parle pour son compte personnel et ne peut emprunter le *cum ait* à Verrius son devancier.

L'authenticité générale des *cum ait* est assurée par la variété de la rédaction. Il en est d'ailleurs qu'on ne peut songer à supprimer ; ainsi ceux que Festus emploie systématiquement quand il dit *significat* au sens de *uocat* ou *appellat*. Ainsi 402,17

Subuerbustam u<erb>eribus ustam significat Plautus cum ait « uicerosam (lire *ulc-*)... *sordidam* » ; 416,33 *Stalagmium genus inaurium uidetur significare Caecilius in Karine cum ait « ium* (lire *tum*)... *habeo* » (Lindsay préponctue à tort *Caecilius*) ; 488,32 *Tonsam Ennius significat remum, quod quasi tondeatur ferro, cum ait lib. VII « poste... tonsis* ». De même 208,4 (? ci-dessous) ; 232,7 (? voir p. 3-4) ; 238,10 ; 282,6 ; 282,11 ; 356, 18 ; 356,24. Aussi 266,29, où l'on a *cum dicit*.

Dans le détail, on peut se demander si quelques *cum ait* ne viennent pas d'un lecteur, annotateur ou correcteur quelconque, qui se serait inspiré de l'exemple de son auteur. Il est nombre de passages où l'on constate simplement ceci : la suppression de *cum ait* n'endommagerait pas le texte. Ainsi, après *testatur, testis est, testimonio est* par exemple, *cum ait* est exprimé 218,4 ; 218,22 ; 220,4 ; 228,6 ; 258,37 ; 300,4 ; 356,36 ; 388,16 ; mais il manque par exemple 214,6 ; 306,23 ; 312,34 ; 484,31. Après *meminit*, il est exprimé 228,3 ; 292,10 ; 312,3 ; 334,30 ; il manque par exemple 124,5 ; 126,14 ; 226,14. Même alternance après *usus est* et dans la tournure *ut Ennius*. Il serait donc concevable que, parfois, le texte eût été éclairci par un *cum ait* interlinéaire, équivalant à notre « ouvrez les guillemets » ; mais je doute que cette possibilité se soit jamais réalisée.

J'ai cru un moment qu'il fallait ôter *cum ait* 208,4 (le passage n'existe plus dans F) : *Ommentans in Odyssea cum* (*quom* W) *ait « in Pylum deueniens* (*-ies* W) *aut ibi* (*ubi* W) *ommentans » significat obmanens....* Devant *in Odyssea*, X ajoute *Homerus*, W^corr et les éditeurs ajoutent *Liuius*. La suppression de *cum ait* dispenserait évidemment d'une telle addition (cf. 482,23 *in Odyssia uetere*, sans nom d'auteur ; il s'agit d'un livre de classe), mais il est difficile de ne pas reconnaître ici un de ces passages où Festus attribue à *significare*, avec sujet personnel, un sens spécial. Comme d'ailleurs la citation paraît mutilée (le vers correspond à β 317 Ἦ Πύλονδ' ἐλθών ἦ αὐτοῦ τῷδ' ἐνὶ δήμῳ), il est probable que *Liuius* a disparu avec le mot initial et par une suite du même accident. Lisons donc : *Ommentans in Od- cum ait < Liuius, « aut > in Pylum....* Un copiste a sauté de *ait* à *aut* à cause de la ressemblance des deux mots.

Suspect du côté de la tradition, mais uniquement par là, est un *quom ait* attesté par l'apographon W 232,7 : *Pedarium sena-*

torem (puis blanc de 5 lettres X) *significat Lucilius* (puis blanc de 12 lettres X, *quom ait* W) « *agipes* ou, comme le veut la métrique, *agi pes uocem mittere coepit* », *qui ita appellatur quia tacitus, transeundo ad eum cuius sententiam probat, quid sentiat indicat.* La citation de Lucilius semble incomplète au début : le grand blanc de X représente-t-il un *cum ait* de F, plus le commencement perdu, ou bien ce seul commencement, auquel cas *quom ait* ne serait qu'une lecture inexacte? L'authenticité de *cum ait* est probable, vu la symétrie des autres passages où Festus emploie ainsi *significat.* On peut imaginer, à titre d'exemple, *cum ait* « < *uin pede* > *agi? pes uocem mittere coepit* ». Entendre : Vous lui demandez de parler? il parle ; de se ranger parmi vos partisans? ses jambes parlent pour lui. Le poète plaisante l'opinion qui s'énonce au moyen des jambes.

432,31 F donne : *idem* (Ennius) *cum ait sapsam pro ipsa nec alia ponit in lib. XVI* « *Quo res sapsa... iubetque* ». Cela est intolérable : Ottfried Müller est réduit à proposer une conjecture binaire *item* (pour *idem*), puis < *quod* > *ponit*, laquelle ne fournit pas un bon sens (*item* conviendrait devant un nouvel exemple de *sam*, qui vient d'être allégué, mais non devant l'exemple tout nouveau de *sapsa*). Otons *cum ait*, et la phrase devient, ce semblerait, excellente ; or un autre *cum ait* figure, cinq lignes plus haut (432, 26), devant l'exemple qui va être cité ; y aurait-il eu suggestion d'un passage à l'autre? J'ai été véhémentement tenté de le croire, mais, après mûre réflexion, l'hypothèse m'est apparue trop hardie. Et j'aperçois une correction plus satisfaisante. La nouvelle citation d'Ennius contient *sapsa*, au nominatif, et de même la citation de Pacuvius qui vient ensuite. De quel droit Festus, ou avant lui Verrius, aurait-il tiré de ce *sapsa* un accusatif illogique *sapsam*? c'est à *sampsam* qu'il eût été naturel de penser. D'autant plus que le *capse* qui figure dans l'abrégé, et les formes archaïques *sumpse, eampse*, connues par ailleurs, avertissent tout grammairien de métier de la complexité du problème. Il est donc probable que *sapsam* est corrompu. Ce qui conduit à une conjecture à la fois moins audacieuse que la suppression de *cum ait* et en soi plus séduisante : *idem cum ait* « sapsa », *it* (= *id*, cf. 160,22 p. 8) *pro ipsa nec alia ponit*.

Je ferai remarquer, en passant, que le *cum ait* de 432,26

devrait strictement être au subjonctif : *eiusdem lib. VII fatendum est « eam » significari cum ait « nec... coepit »*. Festus a triché avec la forme rare *aiat*, comme en français nous trichons aujourd'hui pour éviter les imparfaits en -*assions* et en -*assiez*. Cf. 482-484 *quamuis aquam* (ms. *qui usa quam*, voir 238,23 p. 24 en bas)... *dici ait*. Ou faudrait-il franchement faire de *ait* un subjonctif, analogue à *duit* et à *edit* ?

Peu élégant est le *cum ait* de 362,36 : *Resp. multarum ciuitatum pluraliter* dixit *C. Gracchus in ea quam conscripsit de lege Penni et peregrinis* cum ait « *eae nationes... amiserunt* ». Un autre *cum ait* vient quatre lignes plus loin (384,3) et a pu suggérer à un glossateur d'interposer la même formule entre la citation de Gaius Gracchus et le titre très long de son discours. Cela serait d'autant plus naturel que le titre paraît être complet dès qu'on est arrivé au mot *Penni* (.*p. enni* F), de sorte que le premier mouvement du lecteur est d'attribuer la rallonge *et peregrinis* à l'extrait donné en exemple. A coup sûr, une tournure *dixit cum ait* ne peut appartenir au premier jet d'un écrivain, même peu scrupuleux. Mais il me semble possible que le glossateur ici soit Festus lui-même, qui, en se relisant, aura éprouvé le besoin d'éclaircir sa phrase, et aura négligemment choisi le premier artifice venu. — Une négligence analogue se retrouverait, s'il fallait en croire F, dans 260,3 : *Ploxinum appellari* ait *Catullus capsum in cisio capsa< m >ue* cum dixit « *gingiuas... ueteris* ». Elle accompagne ici un non-sens manifeste et il ne peut être douteux qu'il y ait corruption. L'absurdité et l'inélégance disparaîtraient ensemble si on lisait (par exemple) *appellare* ait *Catull< um Verri >us*, mais *appellare*, tout comme le *appellari* traditionnel, serait choquant devant le parfait *dixit*. Remplacer donc *appellari ait* par *appellauit*. Le mot aura été écrit sur deux lignes, *appella uit*, et une mélecture très banale *ait* (cf. *propudi ait* p. 55) aura contraint un correcteur à arranger en un mot complet le tronçon *appella*.

De tous les *cum ait*, un seul me paraît devoir être définitivement condamné ; c'est celui de 218,20, où on n'a que les apographa, et où le contexte est plein d'autres *cum ait* (218,4 ; 218,22 ; 218,30 ; 220,4 ; sans compter *cum dixit* 218,10). Le texte est celui-ci : *ut illa Virgilii testimonio sunt (ut superiorum auctorum exempla referre non sit necesse)*, cum ait *harpyias*

« *obscenas uolucres* » et « *obscenamque famem* » (Énéide 3,241, *Obscenas pelagi ferro foedare uolucres*, et 3,367; au premier passage, Lindsay comprend à tort *harpyias* dans les guillemets). *Cum ait* fait visiblement double emploi avec *illa*, et *cum ait harpyias* est bizarre. *Harpyias* est probablement une glose intruse, et *cum ait* un raccord provoqué par l'intrusion. La forme normale de ce raccord aurait été *cum uocat ;* la suggestion des passages voisins a fait choisir la forme défectueuse *cum ait*.

CONJECTURES

PREMIÈRE SÉRIE

(OMISSIONS DE LIGNES)

La nature des fautes étudiées dans la *première série* fait penser à un très neuf et très intéressant volume qui vient de paraître, The primitive text of the Gospels and Acts, by Albert C. Clarke, Corpus professor of Latin, Oxford 1914. Sur la date des fautes de la *première série*, voir 386,26 p. 14.

FESTVS p. 152,4 Lindsay. — *Muger dici solet a* castrensium *hominibus, quasi muccosus, is qui talis male ludit*. On lit *castrensibus*, mais comment s'expliquerait la faute, *-bus* devenu *-um* ? La conjecture est d'ailleurs défectueuse en elle-même, car *castrenses homines* signifierait en latin DES soldats du camp, non LES soldats du camp (avec le sens de notre article défini, il faudrait *castrenses* tout court) ; à supposer d'ailleurs qu'au temps de Verrius l'adjectif *castrenses* ne fût pas encore substantivable, et que Festus eût respecté la syntaxe de Verrius, le substantif attendu serait *militibus*.

Après *castrensium* il a dû tomber une ligne. Par exemple, *popinarum et ganearum ; hominibus* doit désigner en effet non des soldats, ou les soldats, mais un personnel mêlé, comme pouvait être celui des cabarets militaires aux alentours des campements.

Popinarum et ganearum, bien entendu, représente n'importe quel supplément d'étendue convenable. Tous les suppléments donnés ici pour des lignes sautées sont de simples exemples ; on ne peut faire d'hypothèse définie que pour 414,37. Par ce passage et surtout par l'interversion de 160,22-23, il est possible de se faire quelque idée de l'étendue normale d'une ligne dans le ms. en cause ; cf. aussi 288,33-35.

160,22-23. — *Non pridem aeque* et et recte et frequenter dicitur *ac iam pridem, quampridem.* Il y a ici deux lignes interverties; lire *Non pridem aeque ac iam* pridem, quam pridem, *et it* (= *id*) *recte et frequenter dicitur.* La mélecture (*et* pour *it*) doit être présumée porter plutôt sur une surcharge (Manuel § 1352 ; sur d'autres mélectures de surcharges, voir 282,29 ; 306,32 ; 334,22 ; 342,15 ; 446,16 ; 476,28); elle indique donc laquelle plutôt des deux lignes avait été omise. Même mélecture 378,31 et 380,4 ; autre *it* conjectural = *id* 432,31 p. 4.

262,8. — Il s'agit des *praefecturae. In quas solebant ire praefecti quattuor* ‖ *uiginti sex uirum nū pro* (lire avec Ursinus *uirum numero* ; ci-dessous 312,20 p. 29) *populi suffragio creati erant.* Là où figure le signe ‖ , il est clair qu'il est tombé une ligne, par exemple *qui praefecti quattuor ex.*

CATO ap. FEST. **266,35.** — « *Pro scapulis* » *cum dicit Cato significat pro iniuria uerberum ; nam conplures leges erant in ciues rogatae quibus sanciebatur poena uerberum. His signifi-cat prohibu<i>sse multos suos ciuis in ea oratione quae est con-tra M. Caelium, « si em percussi, saepe incolumis abii ; praeterea pro re p., pro scapulis atque aerario multum r. p. profuit ».* On ne voit pas, dans cet extrait, où Caton dirait avoir défendu *multos suos ciuis* contre les peines corporelles ; il doit donc y avoir une lacune, tenant probablement à l'omission d'une ou plusieurs lignes. D'autre part, *pro re p.* est suspect, car on conçoit mal la coordination de ces mots avec le *pro scapulis* que garantit le lemme ; Jordan a été jusqu'à supprimer *pro re p.* purement et simplement. De ces deux remarques je conclus que le texte devait être à peu près ceci : *praeterea pro re <auxilium multis tuli>, pluribus pro scapulis ;* le *re p.* du ms. serait *re pluribus* arrangé en *re publica*.

Après *pro scapulis*, on devine aisément le sens, mais on ne peut faire la construction. Je soupçonne : *atque aerario <multum id>, multum rei publicae profuit.*

268,14. — *Prohibere comitia dicitur uitiare diem morbo qui
uulgo quidem* maiore, *ceterum ob id ipsum comitialis appellatur.* Maiore semble avoir été retouché dans le ms. en *maior*,
conjecture aisée s'il en fût, et par là même sans valeur, bien
que les éditeurs l'aient adoptée. L'e final de *maiore* serait inexplicable ; il manque d'ailleurs quelque chose, car *maior* devait
être commenté par une remarque étymologique, comme l'est
comitialis. Je suppose qu'une ligne a été sautée ; on peut
imaginer *maior e <ceterorum comparatione>.* Cf. par exemple
T. Liv. 22,8,2 *leuem ex comparatione priorum ducere.*

276,7. — *Publicius cliuus appellatur quem duo fratres L. M.
Publici malteoli* (lire *Malleoli) aediles curules...* munierunt ut *in
Auentinum uehiculi<s>* (voir 476,37 p. 55) hel uenire possit.
Il s'agit d'un passé lointain ; le *M. Publicius Malleolus* consul en
232 est probablement le même que l'édile curule. Il faut donc,
d'abord, corriger *possit* en *posset,* si la rédaction est de Festus
ou de Verrius. Mais comment ces auteurs pouvaient-ils con-
naître quel avait été le souci précis des deux édiles ? on ne le
voit guère ; aussi *possit* donne-t-il à penser qu'il y a ici quelque
citation textuelle comportant l'emploi de *possit* au présent. Soit
par exemple, avec une ligne sautée :

> ....munierunt, ut
> <ipsi scribserunt, « ut>
> in Auentinum........ »

Cela posé, une correction assez simple se présente pour le
texte archaïque des Publicius, rédigé peut-être vers 235 ou
240 : *ut in Auentinum uehiculis helu<s u>enire possit* « pour
que les légumes puissent arriver sur l'Aventin dans des voitures ». Ce n'est donc pas dans un auteur comme Plaute, c'est
dans ce texte officiel que Verrius avait trouvé la vieille forme
helus pour *olus* (abrégé, p. 89,3) ; de là aussi, peut-être,
Verrius avait tiré le pluriel *helesa,* dont l'abrégé fait indûment
helusa. Dans HELVSVENIRE, il y a eu saut de v à v.
Pour l'alimentation de l'Aventin, les bêtes de boucherie mon-
taient sur leurs pattes. Le blé est lourd, mais chacun pouvait
l'apporter ou le faire apporter à son loisir. La verdure, au contraire, exigeait un transport rapide et quotidien, elle exigeait le

choix offert aux ménagères, et il importait que l'Aventin eût enfin ses « voitures des quatre saisons ». La préoccupation qui a guidé les frères Publicius est bien celle qui convenait à des édiles.

288,33-35. — *Iussit uere fieri*, puis *multa*. Lire avec Scaliger *iussitue fieri* (non [re]*fieri*), avec Ottfried Müller *multare*.

Le tronçon *fieri...multa-* devait former exactement une ou plusieurs lignes, qui après omission, ont été mal insérées.

298,16. — *Prox bona uox uel ut quidam* praesignificare *uidetur*. L'abrégé : *Prox bona uox, ut aestimo quasi proba* uox. On lit avec Preibisch *proba significare* ; mais pourquoi *-ba* aurait-il disparu, et, si l'abréviateur avait encore *proba* sous les yeux, pourquoi a-t-il changé si profondément la tournure ? Le ms. sur lequel il opérait ne devait plus présenter, devant *significare*, que la syllabe *pro*, correspondant à l'arrangement *prae-* de F (voir 386,26 p. 14). Il a dû tomber toute une ligne, par exemple : *uel ut quidam pro<ba uox apud antiquos> significare*.

304,25-30. — *Qui patres qui conscripti uocati sunt in curiam ?* (singulière interrogation !) *quo tempore regibus Vrbe[ᵐ] expulsis P. Valerius consul propter inopiam patriciorum ex plebe adlegit in numerum senatorum trecentorum et duo genera appellaret esse.* Rectifier la ponctuation et suppléer une ligne tombée : « *Qui patres qui conscripti* » *uocati sunt in curia quo tempore regibus Vrbe expulsis P. Valerius consul propter inopiam patriciorum ex plebe adlegit in numerum senatorum trecentorum, et duo genera* appellarei <*iam est uisum nec*>*esse* (la coupe supposée *nec-esse* pour *ne-cesse* ne serait pas correcte en soi, mais un copiste avait pu interpréter *necesse* comme formant deux mots distincts). Sur le *ei* de *appellarei*, voir 260,22 p. 26.

312,2. — *Quadrata Roma in Palatio ante templum Apollinis dicitur, ubi reposita sunt quae solent boni [ʰ]ominis gratia in urbe condenda adhiberi, quia saxo minitus est initio in speciem quadratam.* On lit *munitus* (il y a eu suggestion de *init-io*), mais ce participe manque de sujet. On supposera après *initio* une ligne perdue, par exemple *montis Palatini uertex*.

318,33. — *Rutabulum est quo rustici in proruendo igne* <*utuntur, cum furnus calefit*> *panis coquendi gratia.* Il a dû tomber non seulement un mot comme *utuntur* (Augustinus), mais une ligne entière. Et en effet, une fois que le pain est à cuire, il n'y a plus à *proruere ignem*, et le *rutabulum* ou « fourgon » n'a plus d'emploi. Faute ancienne; voir 386,26 p. 14.

320,23. — *Rupitias XII significat damnum dederit. Rupitias,* selon Lindsay, serait formé comme *infitias, suppetias,* et il manquerait ici une forme du verbe *ire.* Je ne puis voir là aucune probabilité ; *in-fit-ias, sup-pet-ias* ont une même structure et l'étymologie en saute aux yeux, tandis que *rupitias* (uel *ruptias,* dit Lindsay) ne ressemble à rien de connu. Si le mot a un rapport quelconque avec *rumpere,* l'explication qu'en donne Festus, *damnum dederit,* montre assez qu'il faut en extraire, suivant l'idée de Scaliger, une vieille forme verbale *rupsit.* En fait, comme dans Festus *s* devient souvent *i* (voir 476,37), *rupsit* est aisé à reconnaître dans *rupiti;* on sait avec quelle facilité *i* et *t* permutent dans tous les textes. Cf. 174,1 *scit id = sceito.*

Reste un résidu *as;* ce doit être le commencement d'un régime de *rupsit;* la fin du mot manque. Il manque aussi *in* devant *XII,* car jamais, dans ses citations des Douze Tables, Festus ne fait l'ellipse de la préposition. Conclusion : il est tombé une ligne commençant par ce qui suivait *as-* et finissant par *in.* Supposons maintenant qu'on ait dit *rumpere assem* « mutiler l'unité » dans le sens de ne payer qu'en partie (les Latins comptaient par tant de douzièmes d'as comme nous comptons par tant pour 100) ; *rumpere assem* comporterait le sens de faire banqueroute. Et alors on pourrait imaginer un texte tel que *Rupsit as*< *sem dolo malo in* > *XII....* Peut-être quelqu'un pensera-t-il à quelque locution meilleure à supposer que *rumpere assem ;* cela permettrait de perfectionner l'hypothèse, sans qu'il y ait à en modifier le type. Faute ancienne; v. 386,26 p. 14.

329,7. — *Existima[n|t, reuertentibus ab Ilio Achiuis,* quendam *tempestate deiectos in Italiae regiones, secutos Tiberis decursum, peruenisse ubi nunc sit Roma.* La correction *quosdam* d'Ursinus suppose une faute inexplicable. Il est probable d'ailleurs que le narrateur disait le nom du chef (les prétendus Grecs seraient les fondateurs de Rome). Conclusion : après *quendam* il est tombé une ligne, contenant un nom propre et quelque chose comme *et eius socios.*

344.13. — *Remeare redire, ut commeare ultro citro ire (unde commeatus dari dicitur, id est tempus quo ire redire* cum *possit*) ; *ut Afranius...* « *... remeare in ludum* ». Certains mss. de l'abrégé remplacent *cum* par *qui ;* ceci n'avance pas à grand'chose, car la faute *cum* pour *qui* serait inexplicable, et *qui* ne donnerait pas une bonne définition du mot *commeatus.* On supposera une ligne perdue ; par exemple : *ire redire cum < uenia imperatoris quis > possit.* Faute ancienne; v. 386,26 p. 14.

Afranivs ap. Fest. **344,19.** — Le ms. donne : *remeligo a Laribus missa sum hanc quae cursum cohib* (mot mutilé); la nature de la mutilation fait qu'on peut penser soit à compléter simplement *cohib(eam),* soit à ajouter un autre mot ; ainsi un vers de la même pièce, *Tu* senecionem *hunc satis est si seruas, anus,* pourrait faire penser à *cohib(eam senis).* Au lieu de *hanc* on lira avec Ribbeck *hunc ;* la faute a été suggérée par le *quae* suivant.

La personne qui arrive sur la scène envoyée par des dieux, *a Laribus missa,* ne peut être qu'une divinité, comme la *Luxuria* du Trinummus. Son discours est-il un prologue initial (c'est l'ordinaire pour cette catégorie de personnages auxiliaires) ou une sorte de prologue intérieur (tel le discours du dieu *Auxilium* dans la Cistellaria)? en tout cas, il est à présumer que le mètre ici est le sénaire ïambique (Fabia, *Rev. de phil.* 1894 p. 142 n. 2). Notre fragment ne doit être ni un octonaire complet, que fournirait une restitution du type *cohib(eam senis),* ni un trochaïque incomplet, qu'on obtiendrait par le simple complément *cohib(eam).* Or la restitution d'une rédaction en sénaires exige une correction.

M. Fabia a supposé *missa sum,* fin de sénaire mise en tête malgré le ms., puis un sénaire *Remeligo a Laribus... cohibeam.* Cette conjecture a contre elle deux principes de méthode ; d'abord, on doit avoir la plus grande défiance des hypothèses d'interversion, si elles ne se recommandent pas de quelque explication particulièrement vraisemblable (Manuel § 1482), et cette

défiance doit être portée à l'extrême, quand l'interversion fait
permuter entre eux des mots non auxiliaires, tels que *missa* ou
remeligo ; ensuite, on doit toujours commencer par présumer
qu'une citation poétique commence avec un vers (Manuel § 389 ;
voir 260,21 p. 25). Si donc il est exact qu'il y ait lieu à correction, et je le crois très probable, il faut remplacer l'hypothèse de
M. Fabia par celle d'une lacune, lacune qui tiendrait à l'omission d'une ligne ou deux :

Remeligo< . . . . >
A Laribus missa sum, hunc quae cursum cohibeam.

L'idée d'une lacune cadre singulièrement bien avec une autre
hypothèse de M. Fabia, peu certaine mais intéressante, qui est
que *Remeligo* est un nom propre (c'est ce que paraît avoir supposé déjà Ottfried Müller), le nom d'un croquemitaine féminin (le
nominatif subsisterait dans divers patois de notre Midi). La
déesse « Remeligo » pourrait-elle en effet se présenter elle-même
aux spectateurs dans une simple apposition nominative ? évidemment non, et il est clair que la présentation requiert une
proposition spéciale. Ainsi Trin. 8 *Primum mihi Plautus nomen
Luxuriae indidit,* Cist. 154 *Nam mihi Auxilio est nomen,* Amph.
19 *Iouis iussu uenio* (cf. a *Laribus missa sum*), *nomen Mercuriost*
(mss. *mercuri est, mercurii est*) *mihi,* Aul. 2 *Ego Lar sum
familiaris ex hac familia,* Rud. 3-5 *Illut uidetis* (mss. *Ita sum
ut uidetis* ou *Ita ut uidetis sum*) *splendens stella candida
Signum quod semper tempore exoritur suo ; Hic atque in caelo
nomen Arcturo est mihi.* Et dans la Sella d'Afranius lui-même :
*Vsus me genuit, mater peperit Memoria ; Sophiam uocant me
Grai, uos Sapientiam.* Ces passages donnent quelque lumière sur
le sens des mots supposés perdus.

Si *Remeligo* est nom propre dans Afranius (cela malheureusement n'est pas sûr), il y a chance qu'il le soit aussi dans Plaute,
Cas. 804 *Nam quid illaec nunc tam diu intus remorantur Remi-
ligines* (orthographe de A) ? Le pluriel paraît n'avoir rien de choquant ; Littré note « des croque-mitaines », et on pourrait dire
de même « des saintes nitouches ». Rien n'empêcherait non plus
d'écrire par une majuscule, au vers 1030 du Miles, *tandem ades,
< Rem>iligo* (conjecture de Leo pour *ilico*). Il n'est nullement
prouvé que *Remeligo* soit un nom commun personnifié, comme

l'est *Mora* Mil. 1292, ou comme le sont, dans les prologues de Plaute, *Auxilium* et *Luxuria ;* ce peut être un nom propre « de naissance », comme le nom *Vesperugo* de l'étoile du soir, qui a un suffixe analogue.

356,11. — « *Rideo inquit Galba canterio* » *prouerbium est. Quod Sinnius Capito ita interpretatur :* « nisi *qui principio rei alicuius inchoatae deficiunt animo* ». *Nisi* est à contresens ; on attend un *si*. D'autre part, le commentaire de Sinnius est manifestement incomplet. Une ligne aura été sautée ; on peut imaginer, par exemple, *ni< tendum porro, quod aiunt > si qui....*

386,18. — *Saxumue solidum aut arbos uiuiradix ruit, quae* nec prae uitio *humani caedanturue iacianturue pellanturue.* Il est clair qu'il manque un second *nec*. On supposera donc une ligne sautée ou deux ; on peut imaginer, par exemple, *nec prae uitio proprio < putria sint nec ope conatus > humani.*

[**386,26.** — *Solea ut ait Verrius est non solum ea quae solo pedis subicitur, sed etiam* per *materia robustea, super quam....* L'abrégé : *Solea uel ea dicitur quae solo pedis subicitur,* uel genus piscis, *uel* materia robustea, super quám.... *Per* est un arrangement de *pis*, commencement de *piscis ;* la syllabe *cis* et quelques mots ont disparu avec une ligne sautée. Omission récente, puisque l'abrégé comble la lacune. Plus anciennes sont les omissions de 298,16 p. 10, de 318,33 p. 11, de 320,23 p. 11, de 344,13 p. 12, qui semblent remonter au texte sur lequel a été fait l'abrégé.]

400,21. — *Vergilius in Georgicis lib. I* « Hic uertex nobis semper sub< limis », unde M. Cato Sub >limauit dixit.... Une ligne a été sautée. *Sublimauit* est écrit comme un lemme nouveau (cf. 424,16-17 p. 15 ; 446,18 p. 52), ce qui donne à penser que *Sub* vient d'addition conjecturale. Ceci d'ailleurs explique la faute initiale à merveille ; deux fois de suite le modèle avait *sub-* en fin de ligne et *-lim* en commencement de ligne.

414,37. — *Status < condictus cum hoste > dies uocatur qui iudici causa est constitutus cum peregrino... Plautus... «* Si *status* condictus cum hoste *intercedit dies* ». Il y a eu omission non de *cum hoste* (O. Müller), mais d'une ligne entière. Ici, la ligne est pour nous d'étendue définie, mais cette étendue implique un doute ; il se pourrait que la ligne perdue eût contenu le lemme *Status* lui-même ; car celui-ci, supposé omis avec le reste, aurait été aisé à rétablir par conjecture.

424,14-19. — *Gallus Aelius ait sacrum esse* quocumque modo *atque instituto ciuitatis consecratum sit, siue aedis siue ara siue signum siue locum* (lire *locus*) *siue pecunia siue* quid *aliud* quod *dis dedicatum atque consecratum sit ; quod autem priuati*[ˢ]*, suae religionis causa, aliquid earum rerum deo dedicent, id pontifices Romanos non existimare sacrum.*

ɪ. *Quocumque* est *quodcumque*, comme l'a vu Lachmann ; l'altération a consisté dans un faux accord avec *modo atque instituto*. Je croirais moins aisément à l'autre correction de Lachmann, *more* pour *modo* ; pourquoi *-re* serait-il devenu *-do* ? *more*, d'ailleurs, serait sans intérêt pour l'antithèse d'Élius Gallus, qui oppose à ce qui est privé ce qui est public et officiel. Il est bien plus probable qu'après *modo* il est tombé une ligne, par exemple *a pontificibus praescripto*.

ɪɪ. Un peu plus bas, *quid aliud quod* est défectueux. Je lis *aliud quid ;* le *quid* placé avant *aliud* est un substituende fourvoyé.

ɪɪɪ. Le premier et le quatrième *siue*, dans le ms., sont écrits comme s'ils commençaient des lemmes (voir 400,21 p. 14) ; ici, les lemmes commencent tous par *S*. Cela indique probablement qu'il avait été sauté d'un *consecratum sit* à l'autre, puis, dans le tronçon rétabli, de *-um siue* à *-um siue* (la faute *siue locum* pour *siue locus*, par suggestion de *siue signum*, Manuel § 488, est nécessairement plus ancienne que la disposition en lemmes fautifs). Lors des deux rétablissements, les correcteurs avaient dû écrire deux fois *Siue* par une majuscule.

438,5. — *Ne intermissi religionem adferrent < ludi, ... > instaurati qui essent.* Il est tombé une ligne ; par exemple, *ludi ex oraculis deum* (cf. ligne 15 *ex-libris Sibyllinis et uaticinio Marci uatis institutos*).

454,1. — *Sinistrae aues sinistrumque* est *sinistimum auspi-*

cium, id est quod sinat fieri. Ursinus remplaçait *est* par *et*, Ottfried Müller par *siue*, mais aucune des deux fautes ainsi supposées ne s'expliquerait bien, et d'ailleurs le texte obtenu resterait peu satisfaisant, le mot rarissime *sinistimus* ne devant pas avoir été mis sur le même plan que le banal *sinister*. Il convient, je pense, de supposer une ligne tombée. Soit, par exemple, *sinistrumque est < auspicium idem atque > sinistimum auspicium ;* Festus traduit par un terme technique un terme de la langue courante ; par l'ordre même des mots, en plaçant *est* avant le *auspicium* omis, il fait comprendre que ce qu'il dit porte exclusivement sur l'adjectif, d'ailleurs répété deux fois, *sinister*.

460,35. — *Seruorum dies festus uulgo existimatur Idus Aug., quod eo die Ser. Tullius natus seruus eadem* (lire *aedem*) *Dianae dedicauerit in Auentino, cuius tutelae sint cerui, à quo celeritate fugitiuos uocent ceruos.*

I. Revenir à la vieille correction *serua.* Cf. l'abrégé p. 467,2 : *filius ancillae.* Festus, ailleurs, se garde d'identifier purement et simplement la condition du fils avec celle de la mère ; cf. 182,8-9 (après des lignes qui supposent Servius bâtard, mais non esclave). — Le *eadem* qui suit s'explique par un *seruus^aedem* mal compris ; le correcteur avait-il entendu corriger *edem* en *aedem*, ou bien *seruus* (*seru'*) en *serua ?*

II. Plus loin Augustinus a corrigé *quo< rum >* ; la faute supposée ne s'expliquerait pas, et le sens serait mauvais, car les esclaves fugitifs peuvent bien être appelés *cerfs* à cause de leur propre vitesse, non à cause de la vitesse des cerfs à quatre pattes ; en outre, l'étymologie supposée serait sans lien logique avec le temple de Diane ou avec la fête des esclaves. Il faut donc supposer l'omission d'une ligne ; on lira, par exemple, *a quo, < non ut multi dicunt a> celeritate.*

Outre cette mutilation, le texte doit en présenter une autre plus profonde et plus ancienne. Verrius, et après lui Festus, n'ont pas pu ne pas établir une connexion entre la fête des esclaves, objet du lemme, et la mention, fort inattendue, des esclaves fugitifs. La Diane de l'Aventin procède de celle d'Aricie (Wissowa dans sa révision de la Real-Encyklopädie de Pauly, IX 332) ; or, la Diane d'Aricie avait pour prêtre un esclave fugitif,

meurtrier de son prédécesseur. Il est donc bien probable que la
Diane de l'Aventin, outre les cerfs, protégeait soit les esclaves
fugitifs, soit les esclaves en général. Son sanctuaire devait être
un lieu d'asile, au moins théoriquement. Lieu d'asile (pour une
personne à la fois) était à coup sûr le sanctuaire d'Aricie, puisque,
vaincu ou vainqueur, le réfugié était sûr d'échapper à son maître
ou par la mort ou par le sacerdoce.

Il est donc infiniment probable que notre texte présente
quelque vieille lacune, ayant pour raison d'être un saut de *serui*
à *cerui* ou de *cerui* à *serui*. Faudrait-il lire, par exemple, *c<erui
et s>erui?*

466,36. — *Stercus ex aede Vestae XVII. Kal. Iul. defertur in
angiportum medium fere cliui Capitolini, qui locus clauditur por-
ta Sterco[ʳ]raria; tantae sanctitatis maiores ūri esse iudicauerunt.*
Au lieu de *ūri* = *uestri*, Augustinus voulait lire *n̄ri* = *nostri*,
mais Lindsay a vu qu'en réalité *uestri* cache le nom de Vesta.
Vᴇsᴛʀɪ est Vᴇsᴛᴀᴇ; rien de plus commun que la confusion entre
ᴇ et ɪ, et, dans Festus, la confusion entre ʀ et ᴀ = ᴀ (outre bien
d'autres exemples, voir ici même 320,22; 320,31; ᐟ340,28;
342,15; 350,16; 350,30; 454,29; 476,37). Et comme le sens
paraît incomplet (peut-on, sans précautions oratoires, mettre de
la *sanctitas* dans un *stercus* ?), il est à croire qu'une ligne est
tombée. On peut imaginer, par exemple, *maiores <quicquid
aut est aut fuit> Vestae.* — L'hypothèse de la ligne omise donne
à penser que *uestri* pour *uestae* est une mésinterprétation plutôt
qu'une mélecture inconsciente.

CONJECTURES

SECONDE SÉRIE

Ennivs lib. II apud Fest. 152,18 Lindsay.

Si quid me fuerit humanitus *uti* teneatis.

Lindsay n'atteste pas expressément *me fuerit;* autrefois on croyait déchiffrer *mutierit ;* le facsimilé est obscur. — On lit *ut,* mais, autant il est fréquent que *uti* soit écourté en *ut,* autant la contrefaute doit être et est effectivement rare (cf. 320,30-31). *Vt* d'ailleurs semble supposer une continuation dans le vers suivant: ce vers, Festus l'aurait cité. *Vt* enfin est un mot inintéressant s'il en fut; on ne doit pas, par conjecture, multiplier ces sortes de mots chez les poètes. Je lis *uei* = *ui* (sur *ei,* voir 260, 22). Un roi ou un guerrier recommande à ses officiers, s'il lui arrive malheur, de maintenir leurs positions quand même. On peut penser par exemple à Cluilius, roi d'Albe, mourant dans son camp devant Rome (T. Liv. 1,23,4).

Festvs 160,2. — Le ms. a *Necumquem nec umquem quemquam;* l'abrégé, *Necumquem ne umquam quemquam;* je ne sais pourquoi on lit *Necumquem* nec *umquam quemquam,* car il n'y a qu'à garder la leçon de l'abrégé. La suggestion qui a corrompu la finale *quam* en *quem* est aussi celle qui a changé *ne* en *nec.*

160,24. — *Lucili significare.* Revenir à l'ancienne correction *significari;* la leçon de l'abrégé, dont Lindsay s'inspire à tort, n'est qu'un arrangement arbitraire provoqué par la faute.

Naevivs ap. Fest. 174,1.

Neminem uidi qui numero sciret *qui* quod *scit id* est opus.

Revenir à la correction de Scaliger. Supprimer *qui*, qui n'est qu'un premier déchiffrement de *quod* (voir 334,3). Ensuite, lire *scito*, mais avec l'épel *sceito*, que Verrius avait conservé ; scitid est sceito, mal déchiffré à l'aide de *sciret* (cf. 320,23 p. 11 *rupiti* = *rupsit* ; 312,20-21 *inpulli* = *intulit* ; 476,11 *cisitum* = *Cispium*). Sur *ei*, voir 260,22.

174,15. — *Acferuntur*. Lire *afferuntur* par deux *f* (voir 439,9).

Attivs ap. Fest. **182,16** et Non. 351,27.

> *Ergo* (om. Non.) me Argos referam. nam hic sum nobilis,
> Ne cui cognoscar noto. (*Ce vers, dans Non. seul.*)

En tête du premier sénaire il manque un demi-pied. Devant *ergo*, il y a grand'chance a priori que le mot omis soit *Ego*, et ce supplément convient bien au sens général du fragment. — Sur *Ego ergo*, cf. le passage suivant.

182,17. — *Leuius in uirgo ornamentu incendunt nobili igno-biles.* Fragment très discuté, car on n'est d'accord ni sur le nom du poète (*Laeuius ? Liuius ?*), ni sur le titre de l'ouvrage (*Virga ? Virgine ? Verpo ?*), ni non plus sur la citation. La délimitation même du titre et du texte n'est pas assurée, car pourquoi ne lirait-on pas *Laeuius in II* « *ergo...* » ? les *Erotopaegnia* étaient divisés en livres numérotés. J'ajoute qu'un doute accessoire m'a traversé l'esprit. Ce qui précède immédiatement *leuius* est le vers d'Attius étudié ci-dessus, *<Ego> ergo me Argos...*, où le *ego* manquant a dû être d'abord altéré en *ergo*; il serait concevable que *uirgo* contînt le chiffre *II*, puis un *ergo* fourvoyé apparte-nant en réalité au vers d'Attius.

Dans de telles conditions, bien hardi serait le critique qui aurait la prétention de présenter une solution certaine. Du moins il me paraît possible de raisonner sur les données et de formuler quelques vraisemblances.

Remarquons d'abord que l'attribution à *Liuius* Andronicus est assez téméraire, quoique elle ait trouvé faveur et que même le sceptique Lindsay l'ait accueillie. Le *Leuius* du ms. est cité après Plaute et Attius, ce qui est en rapport avec la chronologie si on lit *Laeuius*, comme il est en soi naturel, mais non pas si on veut

lire *Liuius*. Ensuite, et ceci me paraît capital, une corruption
de *Liuius* en *Leuius* est à peine croyable ; c'est la faute inverse,
semble-t-il, que l'on constate 334,7. En fait, *Liuius* le poète,
Liuius l'historien, *Liuius* Salinator, sans compter l'impératrice
Liuia, sont beaucoup plus connus des copistes que le poète
Laeuius. Dans Festus, le ms. ne présente plus *leuius* que dans
notre passage, tandis que *liuius* est fréquent dans les diverses
régions du texte et dans l'abrégé ; jamais l'*i* n'est altéré, sauf
que 444,11 le ms. a *lyuius* devant *in lydio*, que 183,8 l'abrégé a
une variante *lauius* devant *lacrimas*, et que 230,24 les apographa
se partagent entre *Liuius* et *Neuius*. Dans les autres grammairiens
on trouve plusieurs fois *leuius* corrompu par les copistes en
neuius et en *liuius ;* et même Térentianus Maurus en personne
a pris pour du Livius Andronicus un fragment qui ne peut être
attribué qu'à Lévius. Cédant aux mêmes causes d'erreur, à la
Renaissance, le correcteur de W a voulu remplacer *leuius* 226,15
par *liuius*.

   Il est vrai que « *ornamentu incendunt* », tout corrompu qu'est
ce groupe de mots, paraît phonétiquement bien lourdaud, si c'est
du Lévius, à côté des vers légers des *Erotopaegnia*. De là, évidemment, la faveur qu'a trouvée chez les philologues l'hypothèse
améthodique *Liuius*. Mais souvenons-nous que Lévius, *in poly-
metris*, avait écrit un bizarre décasyllabe ne contenant qu'une
brève, *Omnes sunt denis syllabis uersi*. Et ne nous hâtons pas
de préjuger ce qu'avait pu faire un auteur de πολύμετρα, homme
d'ailleurs subtilement raffiné, inventeur de composés extraor-
dinaires, et pour qui la virtuosité passait peut-être avant la
poésie.

   Si le poète est Lévius, il est probable que le titre *in Virgo*
cache un mot grec. On peut songer à *in Pyrgo ;* une leçon ᴘʸɪʀɢᴏ,
avec fourvoiement de substituende, rendrait aisément compte de
la leçon *uirgo*. Cf. dans Virgile *myrtus*, ou plutôt *mᵘyrtus*,
devenu *uyrtus* (puis *uirtus*), Manuel § 1526. Si le titre Πύργος est
authentique, ce que je me garde bien d'affirmer, il pourrait faire
allusion à la disposition matérielle du texte écrit ; cf. les πτερύγια
formés par les longues chaînes ioniques de Lévius. En tout cas,
il convient de rejeter l'hypothèse *in II « Ergo... »*, que plus
haut j'ai présentée moi-même, à moins, comme je l'ai indiqué
aussi, qu'on ne lise *II* en supprimant *irgo* comme issu d'un four-

voiement. Si en effet l'accumulation des longues dans *ornamentu incendunt* a pu paraître inquiétante, il n'y a pas à supposer que ce groupe soit à augmenter d'une longue supplémentaire.

Lisant donc quelque chose comme *Laeuius in Pyrgo*, il nous reste comme texte de la citation les quatre mots *ornamentu incendunt nobili ignobiles*. Le mètre en semble tout à fait obscur, mais il est possible de discuter sur le sens. Intangibles dans leur radical sont les deux derniers mots, qui se rapportent parfaitement au lemme *Nobilem antiqui pro noto ponebant*. Quant à la désinence, *nobili* doit être présumé en accord avec « *ornamentu* », ce qui conduit nécessairement à corriger non pas *nobili* en un autre cas, mais le barbarisme *ornamentu* soit en *ornamento* (Scaliger), soit en *ornatu* (Ursinus). *Ornamento* au singulier serait très suspect (voir Goetz et Schoell sur Varron, 1. L. 6,76 p. 268) et la corruption de *-to* en *-tu* y serait des plus invraisemblables, de sorte que le *ornatu* d'Ursinus, qui d'ailleurs a l'avantage de nous débarrasser d'une longue, semble s'imposer par élimination. La leçon du ms., *ornamentu*, a quelque chose de fort surprenant, mais pourtant il n'est pas impossible de l'expliquer. Qu'on suppose *orna* et à la ligne *tu*, et dans la marge de droite une *m* du correcteur ayant pour objet de changer *ornatu incendunt* en *ornatum incendunt;* un copiste a pu croire qu'il voyait *ornam tu* pour *ornam̄tu*.

Ornatu... nobili restitué, il est difficile de ne pas accepter le *incedunt* pour *incendunt* de Scaliger, ou du moins une forme quelconque de *incedere*. Si la vraie leçon est bien le présent *incedunt*, la première *n* de *incendunt* est une anticipation de la seconde, possible, mais non très vraisemblable. Le futur *incedent* expliquerait mieux la faute ; on aurait eu *incent*, par saut de *e* à *e*, puis *incendunt*, par méprise sur l'emploi à faire d'un substituende conjectural *dunt*. Nous arrivons ainsi à un texte logiquement plausible, *ornatu incedent nobili ignobiles*, et il devient possible d'aborder la question métrique, jusqu'ici réservée.

Superposons ce fragment à celui qui a déjà été cité :

Ornatu incedent	nobili igno-biles.
Omnes sunt denis	syllabis uer-si.

La coupe est à la même place. La concordance prosodique est absolue pour les neuf premières syllabes ; après quoi le premier

vers a un ïambe *biles*, le second une syllabe unique *si*. Il semble
que nous ayons affaire à un même type, acatalecte d'un côté, cata-
lectique de l'autre. C'est une présomption que les corrections
tirées du sens seul n'étaient pas mauvaises, et qu'en l'état des
choses nous pouvons laisser le vers cité par Festus tel qu'il
vient d'être reproduit.

ENNIVS ap. FESTVM **184,5**.

> *Veluti si* quando uinc[ᵁ]lis uenatica *ueneno*
> *Xapta* solet ; si forte *ex* nare sagaci
> Sensit, uoce sua (?) nictīt (*de* nictire) ululatque ib acut[ᴬ]e[ᵗ].

Les difficultés de ce texte existaient déjà dans l'exemplaire de
l'abréviateur, qui en extrait seulement le tronçon *nare... ululatque*.

Dans le second vers manque manifestement le régime de *Sensit*. Ottfried Müller écrit donc *forte < feras >*. De plus, avec
beaucoup de vraisemblance, il corrige *ex* en *ea ;* cf. Manuel
§ 617, et ajouter *ea* pour *ex*, Festus 146,16; Lucr. 3,597 ; cf.
encore ci-dessous 476,28. Dans Plaute, Men. 842, *exurere*, il
est curieux que le copiste tardif de D ait commencé à écrire *ea-*.
L'hypothèse *ea* est d'une grande importance pour la constitution
générale du fragment ; elle implique que *si... acute* forme une
proposition complète, non une simple apodose, et que par conséquent on ne peut voir une simple protase dans *Veluti... solet.*

Dans *Veluti... solet*, *ueneno xapta* a été corrigé par Turnèbe
en *uelox Apta ; Apta* s'impose avec évidence, *uelox* est peu vraisemblable. Je me demande si, en réalité, *ueneno x* ne cache pas
un substantif, nom d'une variété canine (tels sont par exemple
les mots *lacon, uertragus*).

Quant au *Veluti si* initial, il est inacceptable pour le mètre ;
il l'est aussi pour le sens, puisque *Veluti... solet* doit former une
proposition indépendante. *Sic ueluti* serait plus près du texte, *si*
pouvant provenir de *sic* omis et ensuite fourvoyé. Ou mieux,
SICVELVTI aurait été réduit à SI par saut de ι à ι, puis, au lieu de
CVELVTI, un VELVTI aurait seul été restitué en marge et ensuite
aurait seul été fourvoyé (d'autant plus aisément que SIQVANDO
paraissait intangible). *Quando* vaut *aliquando*. — En somme, la
restitution doit avoir à peu près l'aspect suivant :

Sic, ueluti quando uinclis uenatica uelox (?)
Apta solet ; si forte < feras > ea nare sagaci
Sensit, uoce sua (?) nictit, ululatque ibi acute.

184,8 et 16. — Niquis sciuite *centuria est, quae dicitur a Ser. Tullio rege constituta....Est autem* nequis sciuit *nisi quis sciuit.* — On lit les deux fois *sciuit*, et pour le second passage Lindsay propose *neiquis.* Je lirais *neiquis* dans le premier aussi ; l'*e* manquant se retrouve là dans *sciuite.* Cet *e* aura été supprimé, puis rétabli avec fourvoiement ; sur *ei*, voir 260,22. On peut attribuer le fourvoiement soit à une confusion de *ni* avec *ui* en minuscule, soit plutôt à une confusion de ɴɪ en capitale avec ɪᴠɪ, c'est-à-dire de ɴ avec ɪᴠ. — *Nei* ou *ni* est à *ne* ce que *uti* est à *ut.*

188,22. — *De rege Perse* est à conserver ; on retrouve ailleurs la déformation de *Perseus* en *Perses* (cf. *Achilles*).

208,4 et 218,20. — Voir p. 3 et 5-6.

Lᴠᴄɪʟɪᴠs ap. Fᴇsᴛ. **232,7.** — Voir p. 3-4.

238,2. — *Perepta et interempta....* On corrige *Perempta ;* il convient plutôt d'écrire *-emta* sans *p.* La faute suppose un insérende substitué : *Perem^pta ;* cf. 460,28.

238,14. — *Quam putant quid<am act>am primum a personalis histrionibus,* plutôt que *primu<m acta>m a,* car l'ordre des mots semble plus naturel ; cf. ligne 17 *actam nouam.* Au point de vue de l'explication de la faute, la probabilité est la même à l'époque de la capitale (saut de ᴀᴍ à ᴀᴍ ou de ᴍᴀ à ᴍᴀ) ; à l'époque de la minuscule elle est supérieure pour l'ordre *actam primum* (saut de *am* à *am*, non de *m* seule à *m*).

Nᴀᴇᴠɪᴠs ap. Fᴇsᴛ. **238,23.**

Et *qui* fuerit persicus *(lire* -ibus) carpenti *adstratio.*

L'abrégé a 453,8 un lemme *Sibus callidus siue acutus.* Ici le lemme est (par suggestion de *Persicum portum* 238,9) : « *Persicum* » *peracutum significare uidetur ;* il faut évidemment y lire

Persibus. Avant Névius, Festus cite Plaute, *Nihil deconciliare sibus, nisi qui persicus* (lire *-ibus*) *sapis ;* c'est un trochaïque, qui indique dans *sibus* et dans *persibus* un *i* long. D'où il suit : 1° que dans Névius *persibus* est intangible (cf. d'ailleurs Varron, l. Lat. 7, 107 : *apud N<a>euium... in Demetrio persibus a perite ; itaque sub hoc glossema « callide » subscribunt*) ; 2° que là également il a un *i* long.

Intangible aussi me paraît être le radical de *carpenti*. Un mot concret et assez rare ne peut être qu'authentique. Remarque qui écarte par la question préalable les conjectures d'ailleurs peu tentantes de Dacier, de Bothe et de Ribbeck. Le texte contient donc une partie médiane assurée *persibus carpenti*, où, de toute nécessité *persibus* termine le premier hémistiche et *carpenti* commence le second. D'où il résulte mathématiquement : 1° que le barbarisme *adstratio* représente un mot de 5 demi-pieds, de sorte que le premier *t* y cache une voyelle ; 2° que *Et qui fuerit* représente soit 2 demi-pieds, soit 5 (ou peut-être 6) demi-pieds, suivant que le vers sera soit un sénaire, soit un trochaïque (ou un octonaire). L'hypothèse du sénaire paraît improbable a priori.

Et qui fuerit ferait 5 demi-pieds si *fuerit* avait l'*u* long ; ceci, en soi, est peu vraisemblable hors de la fin de vers. D'ailleurs, *qui fuerit* conservé ne donnerait aucune apparence de construction grammaticale. *Et qui fuerit* contient donc une faute, comme *adstratio* en contient une autre. Deux corrections sont indispensables.

Je propose, comme point de départ à des méditations nouvelles, l'essai suivant (sur *r* pour *rt* voir 298,37 ?) :

Et, *qui<a> fuerit persibus, carpenti adsertatio.*

C'est-à-dire, — le fréquentatif conjectural *adsertatio* désignant l'acte (ou le droit ?) d'*adserere* avec obstination, — « et, sous prétexte qu'il a été très malin, sa perpétuelle prétention à aller en voiture ». Il s'agirait, dans ma pensée, d'un esclave que le succès de ses fourberies a gonflé d'insolence ; il insisterait pour faire en *carpentum* le trajet entre la ferme et la ville. — Autre altération de *quia* 476,27 ; avec cumul de variantes, *qui quia* 372,26 ; cf. *quod* = *qui* 334,3 ; *quius* = *quamuis* 482-484 p. 5. Serait-ce par hasard le même personnage qui, dans Névius, parlait du dictateur sur son char ? Varron, l. Lat. 5,153 (il nous avertit qu'*oppidum* est un nom des *carceres*) :

> Dictator ubi currum insidit (*lire* -det), peruehitur usque ad oppidum.

244,20. — *Quae* genera rerum ab *hostibus ad nos postlimi-nium redeunt, eadem* genera rerum < ab > *nobis ad hostis redire possunt.* La restitution de *ab* est en soi plus correcte que celle de *a* (Ursinus). De plus elle explique encore mieux l'origine de l'omission ; la faute initiale aura été un saut de *genera rerum ab* à *genera rerum ab*, avec retour de 13 lettres et non de 12.

260,3. — Voir p. 5.

260,11. — *In regis Romuli et latii* (lire *Tatii*) *legibus* « ...sa-*cra diuis parentum* estod ». *In Serui Tulli haec est* « si... ast *olle plorassit* [paren], *puer diuis parentum sacer* esto, id (par d barré, = id est) clamarit. Au lieu de *esto<d>* », *id est clamarit* (Ursinus) ou *esto* », *id est* <*in*>*clamarit* (Ottfried Müller), lire *estod* », *inclamarit* et supposer dans le modèle *esto din clamarit.* *Id est* est une conjecture médiévale pour *din,* groupe inintelli-gible (cf. *cin* 418,5) qu'on devait corriger n'importe comment.

NAEVIVS ap. FEST. 260,21.

> Theodotum *compellas,* qui aras compitalibus
> Sedens in cella circumtectu[a]s tegetibus
> Lares ludentis peni pinxit bubulo.

En général, une citation poétique doit être présumée commen-cer avec un vers (Manuel § 389 ; cf. 320,27 ; 320,30-31 ; 348,15 ; et p. 13, 344,19). La présomption est particulièrement forte ici, car le fragment se divise de lui-même en trois sénaires, dont le premier n'est inscandable que pour la même raison qui le rend ininteligible. Il faut donc, a priori, se défier de la disposition de Ribbeck, qui met *Theodotum* en fin de vers. Plus conforme à la méthode est l'hypothèse de Bücheler, qui corrige *compellas* en *oppeilans ;* malheureusement il ne se dégage pas de là un sens qui puisse satisfaire. De la conjecture de Bücheler il faut retenir ce qu'elle a d'essentiel, c'est que l'élément suspect du premier vers est la syllabe *com-.*

Il me semble qu'elle doit être simplement supprimée. Elle peut n'être qu'une variante du -*tum* précédent ; elle peut aussi (devant un *p*) provenir d'une anticipation de *com-pitalibus*. Et *pellas* sans préfixe peut recevoir un sens acceptable. Tu es dans le cas, dit un personnage à un autre, d'obliger le peintre Théodote à faire ses malles. S'agit-il de chasser l'artiste grec par intolérance et nationalisme ? ou, comme je le supposerais plutôt, de lui faire paraître intenable la concurrence d'un talent supérieur ? peu importe à notre sujet.

La suppression de *com-* suffit métriquement. Pour le sens, on doit nécessairement faire accorder *aras* avec *compitalibus*. Le *aris* de Maehly ne peut convenir, car la faute serait en sens contraire de la suggestion naturelle. Il faut donc supposer *areis*, l'*e* ayant été inséré après coup (cf. *e* fourvoyé 184,8 ; 466,30) et écrasé contre l'*r* et l'*i*. J'expliquerais de même, dans Plaute, Ménechmes, *quadam* 32 C = *qu(e)i-dam*, *emeras* 1101 D = *emer(e)is* ; *quan* 1146 C = *qu(e)in* ; *abii atque* 56, de *abiaque* = *abi(c)i qui*; *nic aditat* 75, de *hic (e)idem*; aussi *epidamnia* 258 BCD (*in epidamnieis* A), de *ere epidamni(e)i*. Pour *a* = *ei* dans une citation de Festus, cf. 318,37 ; dans Festus même, 446,20 ; sur *ei* conservé dans les citations de Festus, voir 152,18 ; 174,1 ; 184,8 et 16 ; 466,30. Plus douteux est un *ei* de Festus même (304,30 p. 10).

CATO ap. FEST. **268,25.** — *Postquam na[ti]uitas ex nauibus eduxi, non ex militibus atque nautis* piscatores penatores fici (lire *feci*), *sed arum* (lire *arma*) *dedi.* Supprimer *piscatores ;* ce n'est qu'un premier déchiffrement de PENATORES (avec *i* pour E comme dans *fici*), suggéré par *nauibus*, qui faisait penser à une profession maritime.

270,11 ; 336,22 ; 454,16 ; 474,24. — *His* ou *hi.* Lire *is* ou *i* = *iis, ii.* Cf. 446,28.

282,1. — *Dissuadet* est à conserver ; c'est une « faute d'auteur ». Verrius s'est rappelé : 1° que le discours de Caton était à sa façon une *dissuasio;* 2° qu'il portait sur la *lex Orc<h>ia ;* mais son souvenir n'était pas assez précis pour lui suggérer la formule exacte. *Dissuasio* et *suasio*, d'ailleurs, se trouvent être ici

des équivalents, parce que l'objet du discours est négatif ; 220,15
in suasio<ne> ne de lege Orc<h>ia derogaretur.

282,29. — *Prima aut secunda hora* ducant *sponsalibus* [ʰ]*omi-
nis causa, ut optima ac secundissima eueniant.* Il faut rejeter
toute correction comme *dicata,* car *dicare* est peu compatible
avec l'incertitude de fait ici indiquée par *aut,* — et toute correction comme *dicuntur,* car le pluriel à sujet défini serait injusti-
fié. Je lis *uocant* « on invite ». L'o aura été omis devant le c à
cause de la ressemblance (Manuel § 808). Après correction,
vᵒcant aura été mal compris (§ 1410) ; pour la mélecture de surcharge, voir 160,22 p. 8.

290,27. — *Praerogatiuae* centuriaes dicuntur (*ut docet Varro…*)
quaerus*** (lire *quo* rus<tici>) *Romani, qui ignorarent petitores,
facilius eos animaduertere possent.* Le pluriel *Praerogatiuae
centuriae* n'est pas douteux (cf. ligne 31 *designati a praerogatiuis*),
mais que faire de *s* + *dicuntur* ? Je suppose qu'il faut restituer
quelque chose comme *sunt institutae ;* la leçon aura été en partie
laissée en blanc, comme la finale de *rustici,* puis remplacée par un
supplément arbitraire et malvenu.

PLAVTVS ap. FEST. **292,2.**

Holim huic puello sese uenum ducier.

De *holim,* ôtons l'*h,* simple anticipation interrompue du *huic*
qui suit ; il reste une leçon plus ancienne *olim. Dolet* est la leçon
de Priscien, qui cite le même vers ; on préfère d'ordinaire ce
Dolet. ce qui est violer le principe de la *lectio difficilior.* C'est
aussi admettre a priori une invraisemblance morale ; qui donc,
dans la comédie antique, se soucie d'une douleur d'esclave ?
Qu'on n'objecte pas Merc. 501 ; là le vieillard se donne la peine
de consoler une jeune fille, mais c'est une jolie fille, et c'est à
elle-même qu'il parle, et il craint que les pleurs ne l'enlai-
dissent.

Je lis *Olit,* du verbe *olo* pour *oleo.* L'archaïsme a été pris
pour un barbarisme, et le faux barbarisme a été arrangé stupi-
dement par un copiste de Festus, trop intelligemment par un

copiste de Priscien. Dans la pièce visée, un maître emmenait un
jeune garçon sans lui dire que c'était pour le vendre ; peut-être
voulait-il s'épargner une scène de larmes entre l'enfant et sa
mère. Quant à l'enfant, il avait « flairé » la vérité.

292,4-5. — *Qui flaminibus Diali, Quirinali, Martiali* antecedent exclamant *feriis publicis ut homines abstineant se opere.*
L'abrégé : *qui flamini Diali (id est sacerdoti Iouis)* antecedebant
clamantes *ut homines se ab opere abstinerent.* Lire non *antece-
dent<es> exclamant*, mais *antecedentes clamant*, sans préfixe.
Faute initiale, une simple mécoupure, *antecedent esclamant ?*

296,18. — *Pubes et* (?) *qui pubem generare potest* ; [ʰ]*is incipit
esse a quattuordecim annis, femina aquodecem* (lire *a duode-
cim*) *uiri potens.* L'abrégé : *Pubes puer qui iam generare potest....*
Lire donc *puer* au lieu de *pubem.* Faute initiale, *pubes*, par
répétition du lemme.

298,31. — *Profestum* est *facere tamquam profanum facere*,
id est *quod eo die qui dies feriarum non est facere ; uel (ut quidam dixerunt) pro eo facere uelut feriae non sint, aut id facere
quod fer<i>is fieri non liceat.* Au lieu de transposer le premier
est après *facere*, le supprimer ; ce n'est qu'une glose malencon-
treuse ; cf. d'autres *est* apocryphes 326,26 et 348,15. Ensuite,
lire *idem* (*idē* au lieu de *id ē*).

298,37. — *Procubitores dicuntur* feri uetites, *qui noctu cus-
todiae causa ante castra excubant cum castra hostium in pro-
pinquo sunt.* Je lis *certi* et, avec Ursinus, *uelites. Certi uelites*,
des soldats déterminés pris parmi les vélites, des vélites choisis
exprès. L'*ſ* du ms. représente un *c* ; voir 439,9. *Ceri* avait été
corrigé en *certi*, mais le *ti* du correcteur a été placé par erreur
au-dessus de l'*i* suivant, ce qui a fait changer *uelites* en *uetites*
(Manuel § 1405). *Ceri* même a pu provenir d'un *cerii* avec *ii* dé-
doublé ; voir 476,37. Ou *r* est-il pour une ligature *rt* ? cf. 238,23.

306,32. — *Vsurparise.* Lire non *-pauisse* (Ursinus), mais
-passe, et supposer *usurpaᵛisse*, un correcteur ayant mis en inter-
ligne un ʳⁱ (par *u* pointu) qui a été lu *ri* (mélecture de surcharge,

Manuel § 1352 ; ci-dessus 160,22 p. 8), et son point d'insertion ayant été pris pour un point d'annulation.

312,20-21. — *Cato contra Oppium :* « *uinum redemisti, praedia pro uini quadrantalibus sexaginta* in pulli *dedisti, uinum non* dedisti ».

i. Oppius est acquéreur de vin (*redemisti*), non vendeur, donc ce n'est pas à lui de livrer du vin, donc *uinum non dedisti* n'a pas de sens. Lisons *non dedit* « ton complice n'a pas livré le vin » ; il y a eu répétition fautive du *dedisti* précédent, avec suggestion accessoire de *redemisti*.

ii. Reste à corriger *in pulli*. Cet assemblage barbare doit cacher un mot réel comme *inpulit*, qui ne saurait trouver place ici, ou *intulit* « a porté en compte », qui peut convenir. Cf. 238,2-3 *inperfectis* pour *interfectis*, 334,17 *hospius* cachant une forme de *hostire*, inversement *sterat* 312,4, *cuius etiam* 340,28 = *cuiuspiam*, *mystici* 348,31 = *auspici(a)*, *turba* 454,29 pour *tuba* = *puer, edet* 484,17 pour *edep*<*ol*> ; 448,4 et 9 *scraptae* alterne avec *scrattiae*. D'une façon générale, le p dans le ms. de Festus alterne avec les diverses lettres à tracé rectangulaire ; 262,8 *numpro* = *numero*, 322,19 *inpius* = *in eius*, 350,16 *appottalis* = *repotialis*, 322,13 *ama-ptimas* = *mar-itimas*, 362,33 *spem* = *siem*, 462,8 *plicet* = *ilicet*, et inversement 298,7 *lictor* = *Pictor*, 476,11 *cisitum* (cf. 174,1) = *Cispium*. Sur le p du ms. de Festus, voir encore 478,1. Sur *li* = *it*, voir 174,1.

Je lis donc : *uinum redemisti, praedia pro uini quadrantalibus sexaginta* intulit ; *dedisti, uinum non* dedit. Les verbes ont alternativement pour sujet Oppius et son complice ; l'obscurcissement de *intulit* a favorisé l'altération de *dedit* en un second *dedisti*. Le complice a osé inscrire des biens-fonds comme représentant le prix de quinze hectolitres de vin ; Oppius a livré les biens-fonds et n'a pas exigé le vin.

Novivs ap. Fest. **318,35.**

Quid ego facere motio sirodebam rutabulum.

i. Pour obtenir des mots réels, on coupe *facerem otiosi rodebam*, ce qui ne donne ni mètre ni sens. Mètre et sens imposent *otiosus*, comme Augustinus l'avait vu. Détachons donc *otios*, qui est *otiosus* écourté par saut de *s* à *s* (Manuel § 443); pour le verbe il restera *irodebam*. Je lis *trudebam* ; le personnage désœuvré remue le feu du four en « poussant » le *rutabulum*, ce qui est plus naturel que de le « ronger », comme le supposerait le prétendu *rodebam*. D'où vient l'o de *irodebam*? d'un arrangeur qui aura mal analysé, et pour cause, le tronçon *otiosirudebam*, doublement corrompu par la chute de *us* et pour l'altération du *t*. Pour *tr-* lu *ir-*, cf. 410,26.

ii. Outre la correction *otiosus trudebam*, une seconde correction est nécessitée par la scansion du premier hémistiche. Je lis :

Quid ego facere<m tu>m otios<us> ? trudebam rutabulum.

NAEVIVS ap. FEST. **318,37.**

Vel quae *sperat se nupturam* uiri<dulo> *adulescentulos*
Ea *licet* senile tractet re<t>tritum rutabulum ?

Excellent me paraît le *uiridulo* créé par Ribbeck. Il complète le vers, il convient au sens, enfin il explique à merveille la faute du ms., qui a *uiri*. Il y a eu saut de *dul* à *dul*, puis *uiridulescent*- a été arrangé par la seule addition d'un *a* devant le *dul* subsistant.

Viridulo admis, on doit nécessairement lire *adulescentulo* et non *-los*. Ceci exige que l's soit rejetée sur le second vers. Comme dans celui-ci *licet* étonne, je pense que *sealicet* est *Sceilicet* (sur *a* = *ei* voir 260,22). L'écrasement de l'*e* entre *c* et *i* rend compte de la mélecture ; celle-ci à son tour a entraîné l'arrangement du faux *sca* en *s* + *ea*.

Au premier vers, le participe futur féminin a bien des chances d'avoir évincé un infinitif invariable *nupturum*, comme il est arrivé si souvent jusque dans Cicéron. Avec *nupturum, se* serait oiseux ; aussi soupçonné-je qu'il faut lire *sperassit nupturum*. Effectivement, le présent *sperat* semble peu satisfaisant ; il semblerait viser une espérance définie, alors qu'une jeune fille, dans la comédie antique, n'a pas de rêves d'amour. *Sperassit*, au parfait, marquera mieux de quelle déception il s'agit ; la jeune fille a *toujours* compté que (sans d'ailleurs la consulter sur la personne) son père la donnerait à un mari d'âge normal. — *Se* supposé authentique, je suis porté à croire que le poète aurait écrit *se sperat* plutôt que *sperat se ;* c'est une question qui pourrait être tranchée par une enquête métrique sur Plaute, mais par une enquête trop laborieuse pour que je l'aborde en ce moment.

En somme le texte primitif devait être :

> Vel quae sperassit nupturum uiridulo adulescentulo,
> Sceilicet senile tractet rettritum rutabulum ?

320,22. — *Ruscum est, ut ait Verrius, amplius paullo herba et exirius* (lire *-ilius) uirgultis fructibusque* (lire *fruticib-), non dissimile iunco ; cuius coloris rebus uti mulieres solitae* (voir 476,37); *commemorat Cato Originum lib. VII,* « *mulieres* opertae (*lire* -tas ; on supposera une leçon *opertauro,* corrigée arbitrairement d'après le *mulieres solitae* qui précède ; cf. toutefois ce qui est dit de ce passage sous 476,37) *auro purpuraque ; arsinea, rete, diadema, coronas aureas,* ruscea, facile, *galbeos, lineas, pelles, redimicula* ». La vague expression *cuius coloris rebus* montre que *ruscea* aussi est dit d'une façon vague; il faut donc conserver le pluriel neutre *ruscea* et rejeter a priori toute hypothèse qui ressemblerait au *ruscea<s> fascias,* d'ailleurs si invraisemblable graphiquement, d'Ottfried Müller. *Ruscea* maintenu, reste à faire quelque chose de *facile.*

Le ms. de Festus présente souvent la confusion de E avec F et (voir 466,36 p. 17) celle de A avec R. FACILE peut donc être interprété ERC- (Manuel § 619). D'autre part, on a 446,4 *superclio* pour le *supercilio* de Plaute, et inversement 182,8 *ocilisiam,* qui semble être pour *Oclisiam.* Il n'y a donc aucune difficulté, même du côté graphique, à reconnaître dans *facile* le mot *<h>ercle ;* il va sans dire d'ailleurs qu'un mot déchiffré *facle* par les yeux serait devenu *facile* pour l'intelligence. En fait, *ercle* a été lu *facile* par les copistes de Térence, Ad. 268 (Manuel § 1382). Je lis donc dans Caton *ruscea hercle ;* c'est Caton luimême qui signalait à ses lecteurs l'étrangeté d'un terme de toilette. *Hercle* équivaut à un *si dis placet.*

320.23. — Voir p. 11.

ATTIVS (Melanippus) ap. FEST. **320,27.**

> *Constituit* cognouit sensit, conlocat sese in locum
> Celsum ; hinc manibus rapere r[°]udus saxeum grande[ᵐ] et graue[ᵐ].

Depuis Augustinus on lit *Constitit*. C'est une conjecture doublement contraire à la méthode.

D'abord il faudrait ou trois parfaits analogues entre eux, comme *intellexit cognouit sensit*, ou trois parfaits entre eux disparates, comme *ueni uidi uici*, mais non un parfait isolé joint à un couple (l'ordre, d'ailleurs, serait absurde ; on ne comprend pas parce qu'on s'est arrêté, mais au contraire on s'arrête parce qu'on a compris).

Ensuite, il serait impossible d'expliquer la faute supposée.

Lisons donc *Constitui* ou plutôt *Constituei* (par exemple, *ille ut insidias sibi Constituei cognouit sensit, conlocat sese in locum Celsum...*). Verrius, suivant la tendance ordinaire, a fait commencer sa citation avec le vers et non avec la phrase (Manuel § 389 ; voir 260,24) ; peut-être lisait-il déjà CONSTITVIT. En tout cas, la phrase étant mutilée, il est tout naturel qu'un copiste ait altéré *Constituei* selon la suggestion des mots suivants. Quant au poète, il avait visé à peindre, par le choix des temps, l'effet d'une illumination subite de l'esprit ; *ut cognouit sensit, conlocat* (présent), puis *rapere* (infinitif de narration).

Peut-être le texte proposé éclaire-t-il le problème posé par Ribbeck, die röm. Tragödie p. 521 : est-ce par accident, ou est-ce exprès, que Tydée tue son frère Mélanippe ? L'un des deux frères pourrait avoir cru (à tort) à une embûche de l'autre ; c'est ce qu'indiquerait *cognouit* corrigé en quelque sorte par *sensit*, la croyance logique corrigée par la croyance intuitive.

Le meurtre n'a d'ailleurs pas pour instrument le *rudus saxeum* (sur le *roudus* du ms., voir le passage suivant), s'il est vrai qu'il soit question d'une épée dans un autre fragment de la même tragédie : *Obuiam ens⟨i⟩ id (= it)* ; *que⟨m⟩ aduorsum aptus alter in promtu occupat.*

ATTIVS ap. FEST. 320,30-31. — Le ms. donne : *neque quisquam a telis uacuus sed uti cuique obuiam fuerat ferrum alius saxio rudem.* Les deux derniers mots, *saxio rudem*, représentent certainement *saxi rᵒud-*, un correcteur, d'après le lemme *Rodus uel raudus*, ayant voulu changer *rud-* en *rod-* ; deux lignes plus haut, dans une autre citation d'Attius (ci-dessus), on interprétera aussi par *rᵒudus*, avec ᵒ venant du même correcteur, le *roudus* du ms.

Comme, dans Festus, on rencontre fréquemment la confusion de A avec R (voir 466,36 p. 17) et celle de M avec AR ou RA, *o rudem* représente en définitive un *rudera* (Bücheler) corrigé en *rodera*. *Rudera* et le *ferrum* qui précède sont deux régimes d'un verbe qui manque.

Le même verbe manquant avait aussi deux sujets, *alius* devant *saxi rudera*, un pronominal manquant devant *ferrum*. Il y a donc à restituer, devant *ferrum*, un groupe perdu tel que *fert alius* ou *fert hic*, qui aura disparu par saut de *fer-* à *fer-*. Cela dit, il semblerait tentant de faire de l'ensemble de la citation deux sénaires, *Neque...*, sed ut *cuique obuiam Fuerat, fer<t hic fer>rum, alius saxi rudera* ; comme il est normal, la citation commencerait avec un vers (voir 260,21). Mais le procédé serait améthodique ; s'il est légitime de lire *uti* pour *ut*, il ne l'est pas de lire *ut* pour *uti* (cf. 152,18). Il manque d'ailleurs un sujet de *obuiam fuerat* (très probablement un *quid* indéfini). Il faut donc renoncer à faire du premier mot de la citation le premier mot d'un vers. Verrius avait dû manquer ici à l'usage des citateurs. On lira, en vers trochaïques :

> neque quisquam a telis uacuus, sed uti cuique <quid>
> Obuiam fuerat, fer<t hic fer>rum, alius saxi rudera.

Si le début du premier vers a été exclu de la citation, c'est probablement qu'il en était tout à fait détaché par le sens. Qu'on imagine par exemple : <*territant clamoribus Et minis*>, *neque quisquam....*

Cuique quid a pu devenir *cuiquid* par saut de *qu* à *qu*, puis *cuique* par méprise sur une correction *cui^{que}quid*.

LVCILIVS ap. FEST. 320,33. — Lindsay n'avertit pas que la citation se retrouve dans Isidore, Etym. 19,4,10. Au *paxillum* de Festus correspond dans Isidore l'ἅπαξ *paucillum*, qui doit être la bonne leçon (cf. *pauculus*) ; *paxillum* suppose un *paucillum* avec ^{x} d'un correcteur et méprise sur l'éliminande (Manuel § 1369) ; le c était-il annulé par *deux* points, ce qui aurait été compris à faux ? Autre chose est *x* pour *c* 328,11.

326,26. — *Romulum quidam <a> fico Ruminali, al<i>i*

3

quod lupae ruma nutritus est, *appellatum* est *ineptissime dixerunt. Quem credibile* est *a uir<i>um magnitudine, item fratrem eius appellatos. Romam appellatam esse....* Depuis Ursinus, on remplace le second *est* par *esse* (*ĕ* pour *ēĕ ?*) Je crois plus naturel de le supprimer ; la suite montre que l'auxiliaire peut se sousentendre. Sur *est* apocryphe, voir 298,31.

328,5. — *Rhomum quendam nomine, Ioue conceptum, urbem condidisse in Palatio* Romae *eique dedisse nomen.* Au lieu d'intervertir, *Romaeque ei,* supprimer *Romae* comme glose de *ei* (Manuel § 1135).

328,11. — *Subiecti qui fuerint* caeximparum *uiri unicarumque uirium imperio. Caexi,* comme l'a vu Niebuhr, est *Caci.* Reste *mparum ;* j'en fais *inportuni.* Dans le détail, l'explication des fautes est obscure. Pour l'*x,* cf. p. 51, note ; cf. aussi 320,33.

329,1. — Voir 476,37.

332,32. — *Vt :* lire non *aut* (Ursinus), mais *uel* écrit en abrégé?

334,3. — *Redibitur tum* (lire *Redhibitum*) *id proprie dicitur quod redditum est inprobatumque et* (lire *ei*) *qui dedit, id est quod rursus coactus est habere* id quod *ante habuit.* Lire *is qui ;* il y a eu suggestion du *id est quod* voisin. Peut-être d'ailleurs *qui* était-il représenté par une abréviation équivoque ; F a (par une abréviation) *antiquod* 296,27 ; cf. aussi *quod* pour *qui* 304,35, *qui* pour *quod* 174,1, et voir 238,23 les altérations de *quia.*

334,6. — *Rediuiam quidam, ali<i> reluuium...,* qui at uere *est soluere. Quiaduere, quialuere, quiadluere* les mss. de l'abrégé ; je ne vois pas pourquoi Lindsay songe à un *quia duere* plutôt qu'à *quia luere,* qui convient si bien. Le ms. de Festus a т pour ʟ ; cf. par exemple *Malteoli* 276,7 p. 8, *sorbitio* 454,33.

Tɪᴛɪɴɪᴠs ap. Fᴇsᴛ. **334,7.**

Lassitudo conseruum, rediuiae flagri.

Fin de trochaïque. Très probable est la correction *lassitudo*

$<tu>$ de Ribbeck, car la réduction de TVDOTV à TVDO s'explique aisément, Manuel § 1358.

NAEVIVS ap. FEST. **334,11.** — Second hémistiche de trochaïque, constituant la réponse à une salutation : *contra redhostis menalus.* Lire

Contra redhostimen salus.

Redhostimen, du verbe rare *redhostire*, est un mot nouveau ; cf. le *hostimentum* d'Ennius. On supposera *redhosalus*, par saut de *s* à *s*, avec un insérende *stimen* qui se sera trouvé coupé en deux, *sti* étant séparé de *men* par l's longue.

ATTIVS (Amphitruo) ap. FEST. **334,12** et NON. **165,22.** — Les deux auteurs citent le passage à propos du verbe *redhostire ;* les deux citations présentent de notables différences. Ce qui est commun à toutes deux doit être, en principe, considéré comme intangible, et il est recommandable de faire porter les conjectures sur les variantes. Les lettres communes à Festus et à Nonius sont représentées ci-dessous par de grandes majuscules ; des minuscules en haut représentent les lettres propres à Festus (le ms. coupe *teredhosti titum cum eas sem ;* comme souvent les copistes carolingiens écartent l'une de l'autre deux s longues consécutives, *eas sem* diffère peu de *cassem*), et des minuscules en bas les lettres propres à Nonius :

cedo ec QVID te hic RED h OSTIT itu uia M

Cu Co ME ass t EM OB bi(ou t) iec ET FACILIVS

On voit aisément que le vers est un trochaïque septénaire ; il est plus malaisé de constituer le détail du texte d'une façon plausible, d'autant plus que le sujet de l'Amphitryon d'Attius est inconnu. Une suggestion précieuse m'a été fournie par Quicherat, qui lit *uim* au lieu de *itum* (Festus) ou *uiam* (Nonius). Et, malgré le principe qui veut le respect des lettres communes, la présence de *facilius* me fait croire que le commencement de *cum eas sem* (Festus) ou *cometem* (Nonius) cache, comme l'a déjà pensé Mercier, le mot *quo* suivi d'une *m ;* on comprend que *quom* soit devenu *cum* dans Festus (voir 334,16). Dans l'autre grammairien, il paraît bien probable que *cometem* est un arrangement arbitraire d'un groupe inintelligible de syllabes, de sorte que là aussi la transformation du *q* en *c* peut être toute naturelle (cf. 334,16-17). Car, de *cum eas sem* et de *cometem*, c'est à coup sûr *cometem* qui représente un arrangement volontaire.

Cette remarque donne le droit de faire purement et simplement abstraction de *cometem* ; c'est une leçon qui peut n'avoir aucun intérêt pour la critique. Opérant donc sur *cum eas sem* seul, et remarquant que cette leçon, suivie d'un verbe transitif, doit contenir un accusatif régime, je songe naturellement à changer *eas sem* en *ea spem* (sur P devenu s, voir 476,37). La correction *ea spem* a pour corollaire le changement de *obiectet* en *obiectęt*, changement bien léger. — Je viens d'opter implicitement pour la leçon de Festus, *obiectet*. J'avais mes raisons ; des deux leçons fournies par les mss. de Nonius, *obtet* et *obbiet*, il semble qu'on puisse déduire l'existence d'une tierce leçon plus ancienne *obiet ;* or cet *obiet* n'est autre que le *obiectet* de Festus, mutilé par un très banal saut de *e* à *e*. L'altération supposée de *l* en *i* a eu lieu à la fois dans les deux citations, par un hasard qu'explique l'extrême facilité de la confusion graphique ; il faut, ici, porter au principe des lettres communes une seconde atteinte.

En somme, le second hémistiche du trochaïque apparaît maintenant sous la forme *ea spem oblectet facilius.* Devant ce groupe il y a *cum*, il y avait plus anciennement *quom*, et, ainsi qu'il a été dit, cet ancien *quom* doit contenir un *quo* à construire avec le comparatif. Ceci me contraint à corriger non seulement *cum* en *quom*, mais *quom* à son tour en *quon*, quoique l'*m* soit commune aux deux citations. Cette troisième dérogation au principe n'en est guère une, puisque le *cometem* de Nonius est un arrangement sans autorité. Ce *cometem*, en dernière analyse, provient de *quoneaspem*, probablement défiguré au préalable par quelque mélecture ou par quelque laissé blanc. — Au surplus, remarquons qu'un copiste de Festus et un copiste de Nonius auraient pu se rencontrer pour changer en *quom* une forme aussi bizarre à leurs yeux que *quon*. Tout archaïsme donne lieu à des rencontres de ce genre ; *quom* par exemple, mot bien moins déconcertant que *quon*, a été altéré en *quam* dans une multitude de passages distincts de divers auteurs.

Quon, devant *ea spem oblectet facilius,* formera la fin du quatrième pied. Or le *uim* de Quicherat, qui est contigu à *quon*, forme précisément le commencement du pied en question ; le raccord métrique se fait donc tout seul. Il ne reste qu'à choisir entre les variantes *te* (Festus) et *hic* (Nonius), ce qui ne semble pas difficile (l'inintelligible *te* de Festus est probablement l'arrangement d'un *ic* sans *h*) ; et nous aurons un vers irréprochable :

A. Cedo ecquid hic redhostit? B. Vim. A. Quon ea spem oblectet facilius ?

« Hé bien, le tyran rend-il quelque chose en échange ? — La force brutale. — Est-ce là ce qui aidera cette femme à bercer ses espérances? » Quel est ici le tyran? quelle est la femme? je me garderais de rien affirmer, mais il se peut que le tyran soit Lycus ; la femme, Mégare, femme d'Hercule. Pendant l'absence du héros, qui est descendu aux enfers, Mégare est confiée à son beau-père, le vieil et impuissant Amphitryon ; c'est la situation que peignent Euripide et Sénèque au commencement de l'Hercule furieux. Si c'est bien à Lycus et à Mégare qu'il faut penser, le personnage qui s'informe des intentions du tyran est Amphitryon lui-même. Et, toujours dans la même hypothèse, notre fragment fournit enfin un repère précis pour déterminer quel était le sujet de la tragédie d'Attius.

ENNIVS ap. FEST. **334,15.**

Audis *atque* auditis hostimentum adiungito.

Depuis Scaliger on lit *Audi*, mais est-il légitime de coordonner un impératif présent avec un impératif futur? Supprimer *atque*, glose à contresens ajoutée par un lecteur qui prenait *auditis* pour une seconde personne :

Audis ; auditis (*ou* auditeis ?) hostimentum adiungito.

C'est-à-dire : « Tu m'entends ; à mes paroles, à l'heure de ton choix, tu donneras une réponse. »

ENNIVS (Hectoris Lytra) ap. FEST. **334,16-17.**

Qu<a>e mea *comminus* machaera atque hasta *hospius* manu.

La citation est faite à propos de *hostire*, et il est clair qu'une forme de ce verbe se cache dans *hospius* (sur *p* = *t*, voir 312,20). Des corrections du type de *hostibit e manu* n'ont aucune vraisemblance, car elles supposent une faute inexpliquée et elles n'établissent entre *comminus* et *manu* qu'une symétrie défectueuse. Je corrige *comminus* en *quom minus*, afin d'échapper à la suggestion illusoire qui a induit plusieurs critiques en erreur ; et, supposant un saut de ᴛɪᴠɪ à ᴇɪᴠs (cf. 476,37), je lis

> Quae mea *quom* minus machaera atque hasta *host*<*iuit e*>*ius* manu.

La tragédie de la Rançon d'Hector paraît avoir englobé une bonne partie de l'épisode de Patrocle. Ici c'est Patrocle mort que désigne le démonstratif conjectural *eius ;* le personnage qui parle est Achille, lequel distingue ses propres armes (*mea machaera atque hasta*) et le bras de son ami (*eius manu*). Puisque, dit-il, les méfaits des Troyens ont été insuffisamment punis par Patrocle muni de mes armes ; et il devait continuer : Moi, je vais achever de les châtier ; et le vers suivant commençait très probablement par un *Ipse*, faisant antithèse au possessif *mea* (qu'avait souligné pour l'auditeur l'intercalation de *quom minus*).

Comminus est à mes yeux un arrangement conscient, venant d'un copiste pour qui *quo* et *co* étaient homophones, et à qui, d'ailleurs, l'épel archaïque *quom* = *cum* était peu familier (cf. 334,12 p. 35-36). *Machaera* a favorisé l'erreur.

Lᴠᴄɪʟɪᴠs ap. Fᴇsᴛ. **334,22** et Nᴏɴ. 165,17. — Nonius : *ut uulgus redandruet inde*. Festus : *Praesul ut ampiruet* (= *amptruet*) *inde uulgus redamplauit* (= *redamptruet*) *at Pacuius....* Le *ut* conservé par Nonius manque dans Festus ; il a été rétabli en marge, mal lu parce qu'il était en surcharge (Manuel § 1352 ; ci-dessus 160,22 p. 8) et substitué au *et* qui devait précéder la citation de Pacuvius.

Nulle trace dans Festus du *inde* qui, d'après Nonius, aurait suivi *redandruet*. Un *inde... inde* analogue à *hinc... hinc* est en soi bien peu vraisemblable, bien que Marx trouve à invoquer un ἔνθεν... ἔνθεν. Enfin la citation de Nonius, a priori, semble faite de mémoire ; un grammairien qui aurait eu sous les yeux tout le vers, avec ses deux verbes, n'aurait pas eu l'idée bizarre de borner sa citation à l'hémistiche qui contient le verbe composé.

De tout cela je conclus que le *inde* final est apocryphe, et que le fragment de Lucilius doit s'arrêter au cinquième pied :

> Praesul ut amptruet inde, ut uulgus redamptruet.

336,15. — *At capitonactus* (lire *Capito Ateius*) *in eadem quidem opinione est, sed exemplo adiuuat interpretationem; numa* (lire avec Ursinus *nam*) « *in secunda tabula* [*secunda lege!*] *in qua scriptum est* <*Si²*> *quid... esto* ». Pour pouvoir construire, lire *inquit*.

J'ai adopté le *nam* d'Ursinus, car *Numa* n'est jamais employé sans le gentilice *Pompilius* (parfois Festus ajoute *rex*) ; jamais non plus *Pompilius* n'est nommé sans *Numa* (*compelli regis* = *Pompili regis* 204,12 est dans une citation d'autrui). D'ailleurs, *secunda tabula* vise évidemment les Douze Tables et non une loi de Numa. *Numa* est *nuᵃm* mal compris.

336,22. — Voir 270,11.

336,24. — *Siue* super *terram fossa* siue super *specu*. Remplacer le second *super* non par *subter* (Augustinus), mais par *supter*.

340,28. — *R duobus in conpluribus orationibus, cum de actis disserti cuius etiam* (lire *disseritur cuiuspiam*), *perscribi* solet, *id est rationum relatarum, quod his tabulis docentur iudices quae publice data atque accepta sint. Perscribere,* dit à propos d'une abréviation, serait à contresens, car c'est « écrire au long », « écrire en toutes lettres ». Il manque d'ailleurs un sujet à *solet* et à *id est*. Lire *RR scribi*. La confusion entre A et R étant fréquente dans notre texte (voir 466,36 p. 17), on aura eu ARSCRIBI; *perscribi* est un arrangement conscient du lapsus.

342,4. — *Quidam*. Lire non *cuidam*, mais *qu*<*o*>*idam*.

PACVVIVS ap. FEST. **342,15.**

> Rapido reciproco *percito augusto citare rectem*
> Reciprocare und<a>e, eque gremiis subiectare adf<l>igere.

---

1. Glose de *secunda tabula*, à supprimer avec Schoell ? En tout cas, il n'y a pas connexité entre la question de *secunda lege* et celle de *in qua*.
2. Un si est tombé après sr, comme l'ont vu Turnèbe et Scaliger.

Les vers sont manifestement des trochaïques. Dans *rectem*
(= *rcctem*) Hermann a reconnu *ratem ;* dans *citare* (= CITE avec
ᴹ lu ᴬᴿ et fourvoyé ; mélecture de surcharge, Manuel § 1352 ;
ci-dessus 160,22 p. 8 ; sur ʌ = ʀ voir 446,36 p. 17), Bücheler
a reconnu *<‿prae‿>ci<pi>tem ;* la réduction de *ipi* à *i* est un
phénomène des plus courants (Manuel § 443) ; la disparition du
pr(a)e a dû avoir son principe dans un saut de *percit-* à *precit-.*

L'inintelligible *augusto* cache un substantif masculin ou
neutre à l'ablatif. On a proposé *aestu, austro ;* je lis *<h>austu.*
C'est un engloutissement par les vagues qui est dévorant (*rapido*),
alternatif (*reciproco*), instantané (*percito*). Cela va bien, et *austu*
est moins loin de *augusto* qu'*austro* et qu'*aestu.* — S'il y a eu
effectivement saut de *percit-* à *precit-*, *austu* était dans une partie restituée par le correcteur ; ce correcteur, ou avant lui un
copiste, avait pu écrire *austo* par contagion des trois finales pré-
cédentes.

Le premier hémistiche est trop court. Comme l'allitération
défend de séparer *rapido* de *reciproco*, et comme *percit(o)* forme
un trochée terminant le premier hémistiche, ce qui manque
devait forcément se trouver entre *reciproco* et *percito*. Je propose
ergo, qui convient au sens si le poète a commencé par décrire le
déchaînement des vents sur la mer, cause des phénomènes dé-
crits maintenant à leur tour ; ᴏᴇʀɢ aura été sauté devant ᴏᴘᴇʀᴄ.
Ergo ajoute un *o* final de plus à ceux qui ont pu suggérer le changement de *austu* en *austo*. —Restitution d'ensemble :

Rapido reciproco <ergo>, percito haustu, praecipitem ratem
Reciprocare undae, eque gremiis subiectare adfligere.

« PLAVTVS » ap. FEST. **342,18.**

Quasi tolleno[ⁿᵒ] aut pilum Graecum *reciproceis* plana uta (*lire* uia).

Je crois que plus d'une fois un *ei* archaïque est devenu *a* (voir
260,22). Je vois moins bien comment, au contraire, un vulgaire *a*
serait devenu l'archaïque *ei*. Lindsay a donc bien fait, à mon
sens, en ne se hâtant pas, dans son Festus, d'adopter le *reciproc-
cas* d'Ottfried Müller, accepté par lui-même dans son Plaute.

La méthode indique de lire plutôt *reciproces ;* l'*i* pénultième
serait tout bonnement un premier déchiffrement de l'*s* qui le
suit. Sur *s* lue *i*, voir 476,37.

344,15. — Conserver *Paucius*, gentilice ; ci-dessous 350,37.

PACVVIVS ap. FEST. **348,15.**

Si *no est* ingratum, re absé (*lire* reapse) quod feci bene.

Trompé jadis par la leçon inexacte *non est*, j'ai proposé un *nonst* incorrect ; l'hypothèse avait du moins l'avantage de faire commencer la citation avec le vers, suivant la présomption normale (voir 260,21 ; Manuel § 389). La leçon véritable, *no est*, donne la clé du problème ; elle représente manifestement *non.^{est}*, avec un point d'insertion qui a été pris pour un point d'annulation (Manuel § 1510). Donc il faut supprimer simplement *est*, qui vient d'un glossateur. Le poète s'en passait, parce qu'il le sous-entendait d'après le vers précédent (on peut imaginer, par exemple, *Si notum* est *uobis...*). Sur *est* apocryphe, voir 298,31.

ENNIVS ap. FEST. **348,17.** — *Regimen pro regimento usurpant poetae. Ennius lib. XVI : Primus senex* bradyn *in regimen bellique peritus.* Cette citation difficile a donné lieu à de nombreuses conjectures. Je ne les réfuterai pas en détail, mais j'énoncerai trois principes de méthode qui me semblent de nature à les écarter toutes également.

D'abord, *Primus senex* est intangible. Ce n'est pas quelque faute de copiste qui, dans un vieil auteur, aura fait apparaître une prononciation -*ŭ* pour -*ŭs*. En second lieu, *bradyn* (ou βραδυν) doit être respecté, attendu que c'est une forme grecque très exacte, nullement banale, et dont ni le radical ni la désinence n'ont pu être suggérés à un copiste par un détail quelconque du contexte. Troisièmement, l'objet du lemme étant *regimen*, l'extrait d'Ennius a dû être délimité, par le citateur, de telle façon que la construction de *regimen* y fût intelligible, ce qui n'est pas si on conserve *Primus senex* βραδυν.

Cela étant, l'unique solution paraît être l'hypothèse d'une lacune. Deux citations auront été fondues en une par saut de *regimen* à *regimen*. On peut imaginer, par exemple : *Ennius lib. XVI : Primus senex* βραδυν *in regimen* <*segnemque* reprendit. Idem : Natus hic est, ait, in regimen> *bellique peritus.*

348,31. — Aduersus mystici ₑelegem id *populum ferre. Aduer-*

sus auspicia legem ad Augustinus ; lire plutôt *aduersum* et supprimer la glose *legem*. ADVERSVΛΛΛVSP- a été lu ADVERSVΛ ΜVSP-, puis arrangé ; l'arrangement *mystici* (avec *t* pour *p*, voir 312,20) a fait attribuer l'a final de *auspicia* au mot suivant, où il est souscrit. Enfin *elegem id* représente *ad* ^*legem* avec un appel de glose ; l'*e* initial et l'*i* sont les deux moitiés d'un même *a* minuscule, que l'appel de glose mal compris a fait couper en deux.

350,3. — *Inter* sacrum *autem et* sanctum *et* religiosum *differentias bellissime refert ;* sacrum *aedificium consecratum deo,* sanctum *murum qui sit circum oppidum,* religiosum *sepulcrum ubi mortuus sepultus aut humatus sit satis constare ait, sed ita portione quadam, et temporibus* EADEM *uideri posse ; siquidem quod* sacrum *est, idem lege aut instituto maiorum* sanctum *esse putant* (lire *putat, ut*) *uiolari id sine poena non possit; idem* religiosum *quoque esse...; similiter de muro et sepulcro debere obseruari, ut eadem et* sacra *et* sancta *et* religiosa *fiant.*

Je ne vois rien de suspect dans *portione*, qui a inquiété O. Müller et Lindsay. *Portione quadam*, selon une certaine répartition ; c'est-à-dire : partiellement, sous un certain aspect (et non à tous égards). *Portio* dans Festus a couramment un sens qui déconcerte les modernes : 298,20 *cum patiatur* portio *etiam « penas » dici* (les éditeurs substituent *proportio*) ; 378,14 *quae nunc contraria uidentur esse finitioni* portionis *qua omnia uocabula x littera finita... syllabam accipiunt* (*finitioni proportionis* ou *finitionis proportioni* les éditeurs).

En revanche, ce qui suit immédiatement *portione quadam* me semble manifestement incomplet. On aura un sens en lisant *et temporibus eadem* < *non eadem* > *uideri posse*, avec saut d'un *eadem* à l'autre.

PACVVIVS (?) ap. FEST. **350,15.** Prologue ; en sénaires, p. 12.

Ab eo *de*<*o*
De>*pulsum* mamma paedagogandum accipit
Repotialis[1] Liber.

Suivant Ribbeck, die röm. Trag. p. 233, l'enfant dont il s'agit

---

1. Le ms. a *appottalis*, mais le lemme est *Repotia*. Pour *a = r*, voir 466,36, p. 17 ; pour *p = e*, 312,20-21 p. 29.

est Polydore, qui passe du sein de sa mère à celui de sa sœur aînée. *Repotialis Liber* serait donc « der Trank aus ihrer Brust ». Il me paraît superflu de réfuter une telle hypothèse, d'autant plus que ni *depulsum* ni *paedagogandum* ne seraient plus tolérables qu'un *Liber* désignant le lait.

Le fragment de prologue est assez clair pour qu'on puisse le corriger avec sécurité. Un enfant sevré (c'est là ce que veut dire *depulsum mamma*) est confié à Bacchus, qui sera son *paedagogus* ou précepteur, par un personnage masculin (*ab eo*). Quel peut être ce personnage ? évidemment un autre dieu. De sorte que le supplément *deo* s'impose comme de lui-même ; le groupe EODEODE a été « détriplé » par un copiste, Manuel § 697.

Après avoir eu pour *paedagogus* Silène, Bacchus devient *paedagogus* à son tour. J'ignore quel est son élève et quel lien cet élève peut avoir avec la légende de Polydore ; je signale la question aux spécialistes de la mythologie.

S'ils ne la résolvent pas, peut-être faudra-t-il corriger non le fragment de prologue, mais le texte qui l'encadre. Et en effet, l'article de Festus est obscur. *Repotia*, nous dit-il, est un festin le lendemain des noces (*postridie nuptias apud nouum maritum cenatur*) ; est-ce d'un sens si spécial que dérive la qualification de *repotialis* donnée à Bacchus ? Il est possible que Festus ait attribué à *repotia* deux sens, l'un spécial, l'autre général. Dans ce cas, entre *Pacuuius in Iliona* et notre fragment, il y aurait lieu de supposer : 1° une citation perdue de Pacuvius ; 2° une nouvelle définition de *repotia* ; 3° une nouvelle référence, contenant un nom de poète et un nom de drame. Si bien qu'il n'y aurait plus aucune raison pour attribuer notre fragment à Pacuvius.

350,30. — *Repastinari ager is dicitur… cuius natum* (lire *natura* ; sur R = A, voir 466,36 p. 17) *mutatur fodiendo…, ut fiat* pascui *uel pecoribus herba uel hominibus satione.* Lire *pastui* (cf. la contrefaute *pastali* pour *pascali* 386,31, plus ancienne que l'abrégé). *Fieri* est construit avec double datif comme le serait *esse*.

CATO ap. FEST. **350,35-36.** — *Ego iam a principio in parsimonia atque in duritia atque industria omnem adulescentiam meam*

abstinui *agro colendo, saxis Sabinis, silicibus repastinandis atque
conserendis*. *Abstinui* est à contresens ; le *obstinui* d'Ursinus ne
donnerait pas un sens satisfaisant. Lisons donc *obstinaui*.
Après saut de *a* à *a* (Manuel § 704) mal corrigé (§ 1365A ; de
même *fer datiuo* 356,3, pour *fert datiuo*, s'explique par un
fertiuo avec *da*), on aura eu *obstin^{ui}agro* ; de là un nouveau
copiste aura tiré son *abstinui* par arrangement conscient.

A la fin, lire *construendis*. De la terre défrichée, Caton reti-
rait les cailloux ; il les empilait ensuite soit en simples tas, soit
en petits murs soutenant des terrasses successives. CONSTR- aura
été lu CONSER-, puis l'*u* de *conseruendis* expulsé.

AFRANIVS ap. FEST. 350,37.

Repastina serati senex fugis.

Ribbeck lit *sere ut*, qui suppose une faute peu explicable,
puis *frugis* < *feras* >. *Frugis* ou *fruges* est certain. La disparition de l'*r* doit tenir à une altération préalable en *a* (voir 466,36
p. 17) ; *fugis* est l'arrangement d'un *fauges*. Mais, a priori, il est
naturel de penser que le vers finissait plutôt par *frug*< *es
fer* >*es*, et que la mutilation vient du retour du groupe bilittère
-*es* ; le futur, d'ailleurs, est une promesse, comme il convient
dans une maxime d'encouragement (aide-toi, le ciel t'aidera).
Et non seulement il faut rejeter le subjonctif avec *ut*, qui serait
moins éloquent qu'un futur, mais pour la même raison on doit
écarter le verbe *serere*. Après *repastinare* « défricher », *serere* ne
peut qu'affaiblir l'opposition, voulue ici, entre l'effort et la récom-
pense (si le personnage d'Afranius dit *sere*, pourquoi omet-il de
dire aussi *occa* et *sari* ?).

Que faire donc de *serati* ? y mettre tout simplement une
majuscule. C'est le vocatif d'un gentilice nouveau *Seratius*. Les
gentilices romains obscurs paraissent avoir foisonné dans les
togatae d'Afranius ; ainsi *Paucius* 344,15 (qu'il faut se bien garder de changer en *Pausias* ; sur *Paucius*, voir W. Schulze, zur
Geschichte lateinischer Eigennamen, Berlin, Weidmann, 1904),
Tirrius Non. 19,5 (et Fest. 484,25 ?), *Numisius* (Charis. 209,2),
à côté des prénoms *Titus*, *Manius* (?), *Seruius* et de l'ambigu
Numerius. Si par hasard *serati* était altéré, j'y verrais néan-

moins un gentilice, par exemple *Forati* (on connaît une *Foratia* à
Préneste, C.I.L. xiv 3138).

356,3. — Voir 350,35-36.

362,36. — Voir p. 5.

372,26. — *Tauri arietis uerris;* plus loin, < *boues* > (dans
un laissé blanc) *uerbices maiales* qui, *quia....* On lit avec
Scaliger *maialesque*, qui est plutôt incorrect; supprimer simplement *qui*, comme variante inexacte du *quia* suivant (voir
238,23).

374,1 (*solitaurilia*). — *Quidam dixerunt omnium trium uocabula* confixa, *suis ouis tauri, adeffecisse id quod uno modo
appellarentur uniuersae.* Lire *conlisa;* faute initiale, *confisa*.

LVCILIVS ap. FEST. **378,31.**

> Cornelius Publius noster
> Scipiadas | dicto tempus quae intorquet in ipsum
> Oti | *et* delic<i>is luci effictae atque cinaedo et
> Sectatori adeo ipsi (*lire* -e) suo, quo rectius dicas; |
> Ibat forte domum ; sequimur multi atque frequentes.

Par des traits | , je marque les divisions de syntaxe que sup-
pose l'explication de Marx. Le poète annonce qu'il dicte (*dicto*,
première personne) les traits décochés par Scipion Émilien. Ces
traits sont décochés pour un moment déterminé, *tempus in ipsum
oti*. Ils sont adressés à un personnage que désignent des datifs,
delic<i>is, l'énigmatique *luci effictae, cinaedo. sectatori suo*,
lesquels datifs sont plus ou moins heureusement reliés par des
conjonctions coordinatives. La phrase est chargée et pénible ; le
bizarre rejet *Oti* la rend plus pénible encore, d'autant plus que si,
comme le vers, on s'arrêtait avant ce complément inattendu de
tempus, ainsi qu'il est tout naturel, la locution *tempus in ipsum*
paraîtrait se suffire parfaitement à elle-même. Que peut bien,
d'ailleurs, signifier l'expression ternaire *tempus ipsum oti?* elle
est aussi obscure que serait claire chacune des expressions plus
simples *tempus ipsum* et *tempus oti.*

Autre difficulté, *oti* est suivi d'un *et* singulièrement placé, car, pour le sens, *deliciis et* serait incontestablement bien plus aisé à comprendre que *et deliciis*. Or il y a connexité entre la question de *et* et celle du rejet *Oti*. Faisons abstraction de *et*, et nous trouverons tout naturel, comme Lucien Müller, de lier *Oti deliciis* « l'homme qui était les délices des loisirs de Scipion ».

Et est donc doublement suspect ; il l'est par lui même, il l'est à cause de *Oti*. C'en est assez pour qu'il soit indiqué de le corriger.

Lisons *it* = *id* (voir 160,22 page 8), et immédiatement la phrase se trouvera dégagée. « Je dicte les reparties improvisées par Scipion pour la circonstance même, cela en s'adressant aux délices de ses loisirs, à... ». *Id*, bien entendu, n'est pas un corrélatif du pluriel *quae ;* tandis que *quae* porte sur le détail des paroles de Scipion, *id* portera sur l'ensemble de son attitude.

Les qualifications données à l'interlocuteur de Scipion sont évidemment à mettre entre guillemets, sauf celle que *quo rectius dicas* indique comme étant la formule personnelle du poète. Scipion lui-même appelle l'inconnu ses *oti deliciae*, des tiers l'appellent son *cinaedus*. Scipion lui donne-t-il aussi le nom de *lux efficta*, c'est-à-dire, suivant l'explication subtile de Marx, de « matin essuyé » ? je n'oserais le nier, les sobriquets de société pouvant être suggérés par des riens saugrenus et indevinables. Si au contraire les deux mots *luci effictae* constituent deux appellations distinctes, *luci* et *effigiae* suivant Scaliger, c'est Scipion qui fait du personnage son regard du matin (*lux*), et ce sont des tiers dénigrants qui en font son double (*effigiae*) aussi bien que son mignon (*cinaedus*) :

> « Oti id deliciis », « luci », « effigiae » atque « cinaedo », et
> Sectatori adeo ipse suo, quo rectius dicas.

380,4. — *Femina isdem de causis appellat fratrem et fratrem patruelem et consobrinum; et propius* [*con*]*sobrino et sobrina.* Lire *it* = *id* (voir 160,22 p. 8).

388,11. — *Diligentiam*, puis *Cato*. Écrire comme Ottfried Müller *diligentia*, puis *M. Cato*. Cf. 394,24.

392,14. — *Lege factum* (?), *qu*< *i* > *id fecisset capite esset ei.*

L'abrégé: *lege est constitutum ut qui id fecisset* capite *truncare-tur*. Lire non *capitale* (Augustinus), mais *capital*. On supposera *capital^e* mal compris, avec *e* provenant d'un correcteur.

P ACVVIVS ap. F EST. **394,21.**

A. Qua super re<d>? B. Interfectum esse Hippotem dixisti.

Telle me paraît être la vraie disposition. Le vers est un tro-chaïque ; il manque à la fin une réplique telle que A. *Ita*. Dans le vers précédent, B. avait dû annoncer qu'il allait interroger A., et *Qua super red* signifie : Sur quel point ?

394,24. — *Afranius in* uirginē alis *de rebus* in *qua coepisti super*. On lit *Virgine*, puis *Al<i>is*, et en effet *alis* pour *aliis* est fréquent dans ce texte. Mais le tilde de *uirginē* n'est pas là pour rien. La méthode veut qu'après *Virgine*, titre de la pièce d'Afranius, on lise *Malis ;* cf. 388,11. D'où une autre correction, que la fausse lecture *Aliis* empêchait d'imaginer. *Super*, nous dit Festus (ligne 15), a ici le sens de ὑπέρ et du latin *de*. Donc *de rebus* et *qua super* sont dans un rapport de symétrie qui implique quelque chose comme une comparaison. Et comme *rebus* a maintenant un qualificatif expressif *Malis*, *qua* doit se rapporter aussi à une *res mala*. Donc *in* représente non pas *ni* (Ribbeck), mais bien *ut*, ce qui graphiquement est plus vraisemblable :

Malis de rebus, ut qua coepisti super.

C'est-à-dire : *de rebus quae malae sunt, ut est mala illa res super qua coepisti*.

402,17. — Voir p. 2-3.

402,32. — *Sub uos placo... significat id quod supplic[i]o*. Le copiste n'a pas vu que le *d* du modèle était barré.

P LAVTVS (Cas. 524) ap. F EST. **408,3.**

A. Fac uacent aedes. B. Quin edepol seruos, ancillas domo
Certum est omnis mittere ad te. A. <Eh>o nimium scite scitus es

Sed facitodum merula[1] per < uer > uorsus[2] quos[3] cantat colas ;
524 Cum (suo) quiqui facito ueniant[4], quasi eant Sutrium.

Festus ne cite que les deux derniers vers. Les légions levées
subitement reçurent l'ordre, nous dit Festus, d'apporter à
Sutrium, avec elles, leur subsistance, *praesto essent cum cibo
suo*. L'anecdote fait bien comprendre le sens du vers 524 ; quand
les valets et servantes de B. iront en masse s'installer chez A.,
celui-ci entend ne pas les nourrir ; qu'ils aient donc avec eux de
quoi manger. Ligne de conduite qui est d'accord avec les vers
que chante le merle. Ceci montre que, dans les notes sifflées par
le merle, on prétendait reconnaître des syllabes formant un sens,
et même un sens versifié. De même des modernes ont parfois
interprété en paroles le chant des oiseaux. La caille, chez nous,
chante *Paie tes dettes, paie tes dettes*. Le loriot, en Angleterre,
chante *A little bit of bread and no cheese* (Lindsay, Class. Rev.
6,124). Et de même les cloches de Saint-Paul de Londres ont
chanté à Whittington qu'il deviendrait lord-maire.

Le vers 524 présente un texte incertain. Dans Festus, il commence par *Cum suo cuique* ; dans les mss. de Plaute, par *Cum
quiqui* (sans *suo*) ; les mêmes mss. de Plaute terminent 523 par
colas,cum cibo. On lit généralement, avec Acidalius; *Cum cibo
suo quique* ; c'est une correction qui demande à être examinée
de près, puisque *cibo* n'est ni dans le ms. de Festus, ni dans les
mss. de Plaute, en dehors de l'addition bizarre qu'a reçue un
autre vers. Le *suo* sans substantif que le ms. de Festus a conservé
pouvait paraître obscur ; Verrius pourtant semble avoir pensé, et
je serais porté à lui donner raison, que la forme proverbiale jus-
tifiait l'ellipse. Avait-il sous les yeux un texte déjà mutilé par
disparition de *cibo* ? cela certes n'est pas impossible, mais l'omission de *cibo* entre *cum* et *suo* n'est pas une faute en soi vraisemblable ; quant à la correction *cum cibo* qui a été fourvoyée en
queue de 523, elle a bien des chances d'être conjecturale (c'est
pourquoi *suo* y manque) et de provenir soit du récit de Festus sur
la levée des troupes, soit d'un récit parallèle. Le *quiqui, cuique* ou
mieux *quique* de Plaute déterminait *suo* et dispensait d'exprimer

1. *Meruia* les mss. de Plaute (*maeonia* les schedae Turnebi).
2. *Versus* Festus.
3. *Quod* Festus, par suite de l'omission du mot *uer* (que Bücheler a restitué).
4. *Vt ueniant* les mss. de Plaute.

un substantif ; « que chacun vienne avec *son affaire*, avec *ce qu'il lui faut* ». Ce *quique*, dont la présence crée une différence notable entre la phrase du comique et la formule *praesto essent cum cibo suo*, relative aux légions, est pour le critique d'une importance capitale.

Suo cuique ou *quique*, pourtant, n'a évidemment pas le sens distributif ; A. ne s'intéresse pas à ce que la pitance de Pierre soit portée par Pierre, celle de Paul par Paul. Ce qu'il veut, c'est que personne ne vienne sans que toutes les pitances arrivent à point. Cela serait plus clair si *suo* n'était pas en contact avec *quique*. D'où je conclus à une leçon primitive *Cum suo tui quique facito ueniant. Suo tui quique* expliquerait aisément la leçon *suo cuique* du ms. de Festus (intermédiaire, *suo tuique* par saut de *ui* à *ui*). Quant au *quiqui* tout nu des mss. de Plaute, il me fait supposer qu'il y a eu d'abord un laissé blanc (c'est le laissé blanc qui aura provoqué, en marge, la conjecture *cum cibo* qui a passé dans 523). Un copiste aura été embarrassé soit directement par *suo tui*, sans ablatif en accord avec *suo*, soit par une faute aisément supposable comme *suo sui, suo tuo, sui tui*.

410,4. — *In XII quod est « si caluitur pedemue struit... »* *alii putant...,* ali$<i>$ *gradum augere* ali$<i>$ *minuere ;* ac « *uix pedem pedi praefert* », *otiose it, remoratur.* Je lis *ut ;* Festus éclaire l'expression des Douze Tables par une expression familière courante. *Vt* aura été lu *at*, puis arrangé de façon à donner une apparence de sens.

410,26. — Comme le montre l'abrégé, *ueluti renam* est *uelut trenam*, devenu d'abord *uelut irenam*. Sur *tr-* lu *ir-*, cf. 318,35.

414,29-31. — Modifier ainsi la restitution de Haupt :

Στρίγγ' ἀπο$<πέ>$μπετε νυκτινόμαν, $<θεοί>$, στρίγγ' ἀπὸ λαῶν,
"Ορνιν ἀνωνύμιον $<στρίγγ'>$ ὠκυπόρους ἐπὶ νῆας.

Le féminin νυκτίνομος fût-il attesté, je ne vois pas ce qui aurait empêché la fabrication d'un autre féminin en -α.

416,33. — Voir p. 3.

4

CAECILIVS ap. FEST. **418,5.**

Abin hinc tu, stolide ; *illi<cin> ut <i> tibi sit pater ?*

Tels sont les suppléments presque purement métriques que je voudrais ajouter au texte du ms., car il ne semble pas qu'il manque rien d'essentiel pour le sens. Le rajeunissement de *uti* en *ut* est chose courante ; quant à la syllabe *cin*, peut-être d'abord séparée (*illi cin ;* cf. *din* 260,11), elle aura été éliminée volontairement comme inintelligible (Manuel § 848).

432,21-25. — *Sas Verrius putat* significare *eas teste Ennio, qui dicat in lib. I « Virgines nam sibi quisque domi Romanus habet sas »,* cum suas magis uideatur significare, *sicuti eiusdem lib. VII fatendum est eam significari cum ait « Nec... coepit ».*

Après le second *significare*, *sicuti* est dit à contresens, d'où la conjecture *sed utique* de Huschke. D'autre part, chaque Romain gardant chez lui une Sabine à lui et non plusieurs, ce qui serait *suam*, l'explication de *sas* par *suas* ne peut être envisagée par quelqu'un qui ait déjà lu la citation d'Ennius. Conclusion, il convient de transporter *cum suas... significare* avant *teste Ennio* (il y aura eu saut d'un *significare* à l'autre, puis, dans le rétablissement, partage erroné du tronçon omis).

Le sens est le suivant : Malgré ce qu'il dit qu'on supposerait (a priori), Verrius rejette l'explication de *sas* par *suas* pour l'explication *eas ;* il invoque le vers *Virgines... sas,* comme moi aussi je constate que *sam* vaut *eam* dans un autre passage....

Jadis (Rev. de philol. 1885 p. 24), j'ai proposé de corriger l'inadmissible *Virgines nam* en *Virque suam.* Si telle est la vraie leçon d'Ennius, et je le crois toujours, *suam* y écarte nettement l'explication *suas,* et l'argumentation attribuée à Verrius se trouve être on ne peut plus topique.

432,26 et 31. — Voir p. 4-5 et p. 4.

439,9. — *Siquae aliae magnae* dum. Lire non *sunt* (Augustinus), mais *fiunt.* Le mot a été déchiffré *clunt* (cf. 144,11 *clamines* pour le *flamines* de l'abrégé ; 174,15 *acferuntur* pour *aff-* ; inversement, *fastris* 300,5 pour *castris ; feri* 298,37 pour *certi ;* cf. aussi, dans les Silves de Stace, *fulminibus* 2,7,60 pour *culmini-*

bus, et 2,6,67 *fere*, c'est-à-dire FIRE, inséré par cumul de variantes devant *cyreneque* (un CIRENEQVE avait dû être coupé en deux mots); puis *clunt* a été interprété *dum*.

444,8. — Sur l'outil appelé *scena : sed* futurum *securis an dolabra sit ambigitur*. Lire non *utrum*, mais *ea utrum*. Intermédiaire, *fautrum*.

LIVIVS ANDRONICVS ap. FEST. 444,12.

> Corruit quasi ictus scena <taurus>, haut multo secus.

Très ingénieux, trop ingénieux est le supplément imaginé par Ribbeck (A. *Corruit... secena*. < B. Sicine ? A. > *Haut... secus*). On n'interroge pas sur une comparaison poétique. *Sicine*, d'ailleurs, aurait été omis plus facilement avant *scena* (ou *secena*) qu'après ; cf. Manuel § 469 (voir pourtant la conjecture suivante). Je crois bien plutôt au < *taurus* > *haut* d'un anonyme ; on aura eu *taut* par saut de *au* à *au*, puis *taut* sera devenu *haut* par arrangement conscient.

Anonymus ap. FEST. 446,11-12.

> Quasi *messor* per messim unum quemque spicum collëgit.

Ce vers (donné comme un vers par Festus lui-même) est un trochaïque faux. Il est d'ailleurs vicieux pour le style, car, après *messor*, *per messim* est oiseux (aussi a-t-on pensé à supprimer ces mots, ce qui ramènerait le vers à un sénaire). On guérira et le style et le mètre, si on transporte *messor* après *messim ;* sur la nature de la faute, qui est d'un type rare, voir Manuel § 1434 (cf. § 1361).

446,16-20. — Spectio *in auguralibus ponitur pro aspectione et* nuntiat<i>o *quia omne ius sacrorum habent* au[ˣ]guribus [1]. Spectio (comme un nouveau lemme) *dumtaxat quorum consilio rem gererent magistratus, non ut possent impedire nuntiando*

---

1. L'*x* est un faux déchiffrement du *g :* inversement Nonius p. 169,14 a *gislis* pour *xystis*. Il y a chance, d'ailleurs, qu'il faille supposer dans le modèle *auribus*, par saut de *u* à *u*, avec un *gu* de forme inconnue au nouveau copiste ; les mélectures se font surtout à l'occasion des surcharges, Manuel § 1352. Cf. 328,11.

quae cum uidissent satis spectio *sine nuntiatione data est, ut ipsi auspicio rem gererent, non ut alios impedirent nuntiando.* Il saute aux yeux que ce texte est mutilé, car entre *magistratus* et *non ut possent* il manque une incise, commençant par *ut* (ainsi plus loin *ut ipsi auspicio rem gererent*), et indiquant à quoi servent les attributions des augures consultés par les magistrats. De même quelque chose manque plus loin entre *cum* et *uidissent*. Avant d'aller plus loin, nous pouvons présumer que ces lacunes locales procèdent de quelque omission plus étendue et mal réparée. Si on suppose un saut du second *spectio* au troisième, on comprendra pourquoi le second est écrit comme une tête de lemme (voir 400,21 p. 14); c'est qu'il était le premier mot du tronçon rétabli par le correcteur, et que celui-ci l'avait écrit avec une majuscule initiale.

Cherchons maintenant quelle peut être l'économie générale du morceau. Avec un peu de réflexion on arrive à le deviner ; en art augural, dit Festus, on distingue la *spectio* et la *nuntiatio;* les augures exercent l'une et l'autre, avec cette restriction, pour la *nuntiatio*, qu'il faut qu'ils soient consultés par un magistrat ; quant aux magistrats, ils n'exercent que la *spectio*. Ce qui mène à penser que les mots *et nuntiat*<*i*>*o, quia omne ius sacrorum habent* proviennent du grand tronçon primitivement sauté, et doivent être placé après le second *spectio* et non avant.

Avant le troisième *spectio*, et par conséquent à la fin du grand tronçon sauté et rétabli, figure un mot évidemment fautif *satis*. Il faut, à mon sens, lire *seic is* (sur *ei* devenu *a*, voir 260,22) et non, comme on l'a proposé, *set is* ou *at is;* la faute de lecture conditionnée par le *ei* archaïque a d'ailleurs été commise sur une surcharge (Manuel § 1352 ; c'est aussi dans le rétablissement qu'a été commise la faute *nuntiato* pour *nuntiatio;* voir d'ailleurs 160,22 p. 8). On peut conjecturer que le modèle avait *sic* avec un *e* ajouté après coup et écrasé entre l's et l'*i*.

En somme, l'aspect primitif du lemme de Festus devait être à peu près le suivant (mes suppléments, cela va sans dire, n'ont qu'une valeur d'exemples) : *Spectio in auguralibus ponitur pro aspectione. Auguribus spectio* <*data est*> *et nuntiatio, quia omne ius sacrorum habent* ; *dumtaxat quorum consilio rem gererent magistratus,* <*ut consulti adiuuarent magistratus,* > *non ut possent impedire nuntiando quae cum* <*non consuleren-*

tur $>$ *uidissent; seic is spectio sine nuntiatione data est, ut ipsi auspicio rem gererent, non ut alios impedirent nuntiando.*

446,28. — *Scribas proprio nomine antiqui et librarios et poetas uocabant, at nunc dicuntur scribae* equidem *librar$<$i$>$i, qui rationes publicas scribunt in tabulis.* Pour avoir un sens, lire non *quidem* ou *et quidem*, mais bien *i quidem = ii quidem; i* a pour corrélatif le *qui* suivant. Cf. 270,11.

448,6-7. — *Ab [h]is quae scr[a]ea* idem *appellabant, id est quae quis excreare solet.* Supprimer *idem*, simple anticipation de *id est* (*idē, id ē*).

Festus continue : *quatenus id faciendo se purgaret.* Encadré entre *appellabant* et *purgaret, solet* est manifestement une faute pour *soleret ;* il y a eu saut de *e* à *e* (Manuel § 443).

454,16. — Voir 270,11.

AFRANIVS ap. FEST. **454,29.**

> Quam senticosa uerba pertorquet *turba!*

Ribbeck a songé vaguement à lire *puer*, mais en voyant dans *turba* une répétition de *uerba* plutôt qu'une altération du mot authentique. Pour moi *puer* est une correction presque certaine, et *turba* est sorti de *puer* très naturellement. La confusion entre A et R est courante dans le ms. de Festus (466,36 p. 17), et la confusion entre P et T n'y est pas rare (voir 312,20) ; l'E d'ailleurs ressemble à un B qui serait un peu effacé à droite. PVER a donc été lu TVBA, ou plutôt (Manuel § 582) interprété TVBA. Après quoi un lecteur a arrangé *tuba* en *turba* pour avoir une apparence de sens.

CAECILIVS ap. FEST. **454,33.** — Le ms. a *sorbitio* en fin de vers ; on lit avec Bentley *sorbilo*, adverbe (cf. Plaute, Poen. 397). Je pense qu'il convient d'écrire *sorbulo*. De même, pour *sorbilans* (A) dans Térence, Ad. 591, le *sorbillans* des calliopiens indique *sorbulans*, Manuel § 920A.

PACVVIVS ap. FEST. [**400,3** et] **460,28.** — Au lieu de *subscus*, le ms. a dans le second passage *subcus*. Cela indique *su^bscus*, c'est-à-dire *suscus* avec *b* étymologique, donc apocryphe, ajouté par un correcteur, puis substitué par erreur au lieu d'être inséré ; cf. 238,2. Il convient par conséquent de lire *suscus*. Le *subscus* du premier passage ne prouve rien, car là l'épel étymologique a sa raison d'être dans le lemme (encore le *succiditur* de l'abrégé soulève-t-il une difficulté), et le lemme a pu suggérer *subscus* soit à Verrius, soit à Festus, soit à un copiste.

CATO ap. FEST. **466,30.** — *Sine forte opus sit....* On lit avec Augustinus *siue*, mais la confusion entre *u* et *n* ne semble pas avoir été facile dans Festus, et *siue* n'est pas un mot rare, que sa rareté même ait prédestiné à l'altération. Je lis *sein = sin ;* la phrase précédente, que Festus ne reproduit pas, devait parler de la formation générale et naturelle (en bataille) ; « si au contraire », dit Caton, « il faut une formation spéciale... ». Un *s^ein* aura paru énigmatique au copiste. Sur *ei*, voir 260,22.

470,3. — *Septuennio quoque* anno usus est, *ut priore numero, sed id non permansit in usu.* Il est difficile de croire que *anno* cache un nom d'auteur, comme *Ennius, Cato, Varro.* Je lis *antiqui usi sunt.* Un ms. aura porté ANTIOVIVSISVNT, avec un Q estropié ; un lecteur aura cru voir là *Antio*, nom d'homme, puis, vu la grande ressemblance de l's avec l'ı (voir 476,37), *usus* (= VIVS du ms. qu'il avait sous les yeux), puis ISVNT on ESVNT, et dans ESVNT ce lecteur aura exponctué VN. Après quoi, en minuscule, *antio* aura été soit déchiffré *anno*, soit plutôt interprété *anno.*

474,24. — Voir 270,11.

476,21. — « *Bene sponsis bene̜que* uolueris »... *significare spoponderis, uolueris.* Le premier *uolueris* est manifestement une glose substituée. Que pouvait être la forme évincée ? *uollis = *uol-sis ;* cf. *uelle = *uel-se. Vollis*, d'ailleurs, pouvait être écrit archaïquement *uolis ;* cf., dans le sénatusconsulte des Bacchanales, *uelet* plusieurs fois répété. — Je ne crois pas qu'Ottfried Müller ait eu raison d'alléguer le subjonctif *uolim* de Priscien 9,8 ; celui-ci n'est pas le *uollim* supposé ici, mais un monstre, tiré d'un « *uolimus* » cicéronien mis pour *uolumus.*

476,27-28. — *Stellam significare ait Ateius Capito laetum et prosperum au<spicium, au>ctoritatem secutus P. Seruili auguris.* Cf. ligne 31.

Festus continue : *Stellam* quae extamella *aerea adsimilis stellae locis inauguratis infigatur.* Lire *quia* et avec Augustinus *lamella.* On supposera QVAE^IA ; la surcharge a été insérée sous la forme erronée EX (sur X = A, voir 184,5 ; sur les mélectures de surcharges, 160,22 p. 8 et Manuel § 1352) ; l'erreur de déchiffrement a d'ailleurs provoqué l'altération de LAMELLA, parce que XL est rare et XT fréquent. — Sur *quia* altéré, cf. 238,23.

476,37. — *Tam* absuri qui *opiniones suas.* Il semble bien certain qu'avec Augustinus il faut lire *absurdas,* mais une telle faute mérite explication. *Qui,* je pense, est étranger au texte ; c'est un Q marginal (un *quaere*) intrus. Quant à *absuri,* cela représente ABSVAS pour ABSVADAS, par saut d'un A à l'autre. La confusion entre *a* et *r,* dans le ms. de Festus, atteste un ms. ancien où les deux lettres différaient à peine ; elles peuvent toutes deux être représentées par A ; cf. 466,36 p. 17.

Dans Plaute, St. 595, BCD ont *Vna* pour le *Vasa* de A, c'est-à-dire N pour AS, avec une s insuffisamment courbe et qui ressemblait à un I. De même, dans Festus 329,1, *Callias* est devenu *caltinus,* c'est-à-dire CALTIN arrangé ; CALTI-N était CALLI-AS. Dans *absuri,* l's trop rectiligne de ABSVAS a été simplement lue I ; elle ne s'est pas collée à la lettre précédente pour former avec elle une N, mais le principe de l'erreur est le même. On a encore *i* pour *s* dans *duci* 274,20 = *duos.* Dans *exoratorum* 196,22 = *exorator sim, um* représente *iim.* Cf. encore *rupsit* lu *rupiti* 320,23. Contrefaute 470,3 et peut-être 484,25 ; cf. *cassem* pour *ea spem* 334,13, où une s trop rectiligne du bas est sortie d'un P. Saut de TIVI à EIVS 334,17. La même forme d's explique-t-elle *opertae* pour *opertas* 320,21 (il est plus douteux que *solitae* soit pour *solitas* à la ligne précédente)?

Le texte de Festus présente plusieurs exemples de la finale *-i* pour *is : extremi* 260,19 ; *i* (deux fois) 268,6-7 ; *uehiculi* 276,7 ; *multi* 277,12 ; *qui* 314,19 ; *sceleri* 380,15(?) ; *sulti* 462,9 ; *propudi ait* (cf. p. 5) 274,29 est *propudiali* pour *-lis.* Si dans ces formes on suppose des s trop rectilignes, simulant des I, on sera amené à penser que la réduction de *-is* à *i* est en réalité un dédoublement de -*ii*, tel que le ms. de Festus en offre tant d'exemples dans des formes comme *ali* = *alii*. L'*i* double existe encore dans *poeniciistent* 282,9 = *Poenicis sient*, si ici il n'y a pas fourvoiement d'un *i* destiné au second mot. Dédoublement analogue dans *feri* 298,37 = *certi* ? Dans *reciproceis* 342,18, *is* est un cumul de variantes ; l's a d'abord été lue *i*, puis la vraie lecture a été juxtaposée à la mauvaise. Autre cumul de variantes 262,5, car *quahis* = *quas* est un arrangement de *quais*.

478,1. — *Restare* du ms. est *pr[a]estare*, comme l'a vu Lindsay. Dans cette région du texte (quaternio xv du ms.), on voit qu'un ms. ancêtre présentait un groupe PA (= PA ou = PR, voir 466,36 p. 16) de forme déconcertante. Dans *patriae* 452,8, *pa* est laissé en blanc, avec la note marginale *cecus* ordinaire en pareil cas. Dans *patres* 454,14, *pa* est encore omis, et le modèle devait présenter encore un laissé blanc. Enfin le *p* seul est parfois omis : *alto* 484,31 (pour le *pacto* de Plaute), *rodidit* 470,7 (*prodidit*), *utrius* 482,24 (*ut prius*), comme *restare* 478,1. Sur le *p* dans le ms. de Festus, voir 312,20-21.

PACVVIVS ap. FEST. 482,22. — Il n'y a besoin d'aucune correction, si on coupe en deux répliques :

A. Topper tecum sit potestas. B. Faxsit, si mecum uelit.

D'après Sinnius Capito, *topper* valait ici *fortasse*. Le sens est donc : « Peut-être le pourrait-il avec ton aide. — Qu'il le fasse, s'il entend que ce soit avec mon aide. »

AFRANIVS ap. FEST. 484,25.

Hunc serrium autem ? maria Tyria conciet.

C'est ainsi qu'il faut ponctuer pour avoir un sens.

Il est plausible que *serrium* doive être corrigé en *Tirrium*, comme l'a voulu Ribbeck, d'après un autre fragment de la même pièce, *Huc uenit, fugiens tenebrione* < *m* > *Tirrium* (il y aurait un vague jeu de consonnance avec *Tyria* ; quant à *Tyria*, il est intangible, comme le montre le commentaire de Festus). Et, si la vraie leçon est *Tirrium*, il y a chance que le vers cité par Festus soit une réponse immédiate à l'autre vers. — Si un T est devenu

s, cela tient à la forme trop rectiligne de l's dans un ms. ancêtre ;
voir 476,37.

Livivs Andronicvs ap. Fest. 482,13.

> Namque nullum peius macerat humanum (= ἄνδρα)
> Quamde mare saeuum, uire<s e>t cui sunt magnae.
> Topper *confringent* inportunae und<a>e.

J'ai proposé jadis <*uirum*> *confringent*, mais pourquoi
uirum serait-il tombé ici ? le ἄνδρα homérique est d'ailleurs représenté par *humanum* « un être humain », expression solennelle
et assez rare. Au lieu de corriger ici *humanum* en *hominem* ou
homonem, il faut dans Plaute, Rud. 11, corriger *hominum* en
humanum, génitif pluriel.

Si on se reporte au passage original de l'Odyssée (θ 133-139),
on voit qu'il s'agit d'un épuisement physique qui use la vigueur
du corps :

> Δεῦτε φίλοι, τὸν ξεῖνον ἐρώμεθα εἴ τιν' ἄεθλον
> Οἶδέ τε καὶ δεδάηκε · φυήν γε μὲν οὐ κακός ἐστιν,
> Μηρούς τε κνήμας τε καὶ ἄμφω χεῖρας ὕπερθεν
> Αὐχένα τε στιβαρὸν μέγα τε σθένος · οὐδέ τε ἥβης
> Δεύεται, ἀλλὰ κακοῖσι συνέρρηκται πολέεσσιν,
> Οὐ γὰρ ἔγωγέ τί φημι κακώτερον ἄλλο θαλάσσης
> Ἄνδρα γε συγχεῦαι, εἰ καὶ μάλα κάρτερος εἴη.

La vraie correction du saturnien mutilé paraît donc être
Topper co<rpus co>nfringent.

482-484 et 488,32. — Voir p. 5 et 3.

58

leges 260,11 ; 320,23.
poeta Graecus 414,29.
poeta Latinus 446,11.
Afranivs 344,15 p. 44 ; 344,19 p. 12 ; 350,37 ; 394,24 ; 454,29;
484,25.
Attivs 182,16 ; 320,27 ; 320,30 ; 334,12.
Caecilivs 418,5 ; 454,33.
Cato 266,35 p. 8 ; 268,25 ; 282,1 ; 312,20 ; 320,22 ; 350,35;
388,11 ; 466,30.
Ennivs 152,18 ; 184,5 ; 334,15 ; 334,16 ; 348,17 ; 432,21.
Laevivs 182,17.
Livivs Andronicvs 208,4 p. 3 ; 444,12 ; 482,13.
Lvcilivs 232,7 p. 3 ; 320,33 ; 334,22 ; 378,31.
Naevivs 174,1 ; 238,23 ; 260,21 ; 318,37 ; 334,11.
Novivs 318,35.
Pacvvivs 342,15 ; 342,15 ; 350,15 ; 394,21 ; 460,28 ; 482,22.
Plavtvs 260,21 ; 292,2 ; 342,18 ; 344,19 p. 13 ; 408,3 ; 482,13.
Sinnivs Capito 356,11.
Titinivs 334,7.
Vergilivs 218,20 p. 5.

MACON, PROTAT FRÈRES, IMPRIMEURS

www.ingramcontent.com/pod-product-compliance
Lightning Source LLC
LaVergne TN
LVHW022030080426
835513LV00009B/953